中学校社会サポートBOOKS

15のストラテジーでうまくいく！
中学校社会科学習課題のデザイン

内藤 圭太 著

明治図書

はじめに

　学習課題は，授業の柱となるものです。小学校では，「学習問題」という言い方もあります。単元・授業を貫く「発問」「問い」も学習課題と言えると思います。小学校では，単元の導入などにおいて，児童が自ら学習問題を立てる授業スタイルが多く見られますが，中学校では，教師から生徒に対して学習課題を提示することの方が多いのではないでしょうか。

　生徒自身が学習課題を立てられることが，主体性であるかのように言われることがありますが，教師が学習内容として想定する課題意識を必ずしも生徒がもっているとは限りません。教師から与えられた学習課題であったとしても，「なぜ？」「どのように？」などと思わせることができれば，生徒は学習への主体性をもち，意欲的に取り組むことができます。そして，学習課題が明確であればあるほど，生徒は「考えたい」と思うようになります。その結果，自分の考えを他者と共有したり，異なった考え方と出会うことによって思考を深めたり，認識を変容させたりすることができるのです。この一連の姿が「探求」であると考えています。

　そこで，本書は，「探求的思考力」という言葉を軸に，社会科の授業づくりにおける学習課題の設定のあり方を提示することにしました。授業づくりの多くは，まず，「内容」から始まると思います。内容から生徒に何を考えさせ，どのような結論を導くかを検討します。そして，生徒の探求過程を構造化することによって，「学習課題」を設定することができます。本書は，「探求的思考力」を育成するための授業づくり，学習過程を，だれにでも一目でわかるようなデザインとして提示することを大切にしました。

　また，本書は，日本全国の中学校で行われている社会科授業で用いられる学習課題を整理し，学習課題の性質によって，生徒にどのような力を身に付けられるか，そして，どのような方法で評価することが可能かをストラテジー（戦略）として示した点に意義があると考えています。第1章では，理論，デザインのストラテジーの例，第2章では，具体的な単元・授業の展開例を掲載しています。

ところで，私の前著『単元を貫く「発問」でつくる中学校社会科授業モデル30』の出版から約１年が過ぎました。この間，多くの学校現場の先生方や，教育実習生が読んでくださり，授業づくりにとどまらず，研究授業の理論部分の参考文献としても引用していただいたと伺いました。「単位時間レベルでなく，単元レベルでの"問い"に基づいて社会科授業をつくることが，現行学習指導要領の枠内において可能であることを示した」という評価もいただきました。様々なご感想やご意見，ご指導をくださった方々に対する感謝の気持ちは尽きません。今後，教員としてより成長することを通して，お返ししていきたいと考えております。

　また，この間は次期学習指導要領の改訂に向けての議論が活発化し，特に"主体的・対話的で深い学び（アクティブ・ラーニング）"という言葉が教育界全体の関心事になりました。前著も本書も，アクティブ・ラーニングの時代に対応できるような授業実践として提示しておりますが，アクティブ・ラーニングという言葉にのみとらわれることなく，いつの時代でも有効に機能する普遍的な理論・実践の方法論とすることを第一に考えました。また，最新の教育事情や，社会科教育理論を反映させること，さらに，直近の社会情勢も取り入れた授業例を提示することを心がけました。

　本書の誕生は，これまで多くの授業実践を提供してくださった先生方，私の日々の授業研究，理論研究をご指導してくださった先生方なしにはあり得ませんでした。また，日々の授業実践に真剣に取り組んでくれた勤務校の生徒たち，理解を示してくださった保護者の皆様にも深く感謝申し上げます。

　最後になりますが，毎日の生活を懸命に支えてくれている妻の歩美，小学校教諭として示唆を与えてくれた父　史郎，母　節子を始めとする家族，前著に引き続き，本書を企画・校正してくださった明治図書出版の赤木恭平さんに，厚く御礼申し上げます。

2016年11月

内藤　圭太

Contents

はじめに 2

第1章 探求的思考力を育てる学習課題のデザイン

❶ 探究に関する研究 ……………………………………………………… 10
　1　理論的研究　11
　2　実践的研究　12

❷ 探求的思考力を育成する学習課題のデザインの構図 ……… 14
　1　学習課題の設定の手順　14
　2　授業実践・成果と課題の総括　19
　3　探求の成果の掲示　20

❸ 主体的・対話的で深い学び（アクティブ・ラーニング）との関連 …… 21
　1　学習指導要領改訂の動向から考える　21
　2　社会科におけるアクティブ・ラーニング　22
　3　開かれた認識形成を促す授業展開　23

❹ 評価の方法 ……………………………………………………………… 25
　1　評価の考え方　25
　2　学習活動の評価　25
　3　本書における評価　26

❺ 学習課題デザインのストラテジー ………………………………… 27
　1　デザインチャート図　27
　2　学習課題デザインのストラテジー　28

ストラテジー1	原因・理由を考えさせる　30
ストラテジー2	特徴・特色を考えさせる　32
ストラテジー3	変化・過程を考えさせる　34
ストラテジー4	目的・意味を考えさせる　36
ストラテジー5	具体的に定義させる　38
ストラテジー6	興味・関心を高める　40
ストラテジー7	架空の場面をイメージさせる　42
ストラテジー8	違いを比較させる　44
ストラテジー9	未来志向的に考えさせる　46
ストラテジー10	批判的に考えさせる　48
ストラテジー11	二者択一で決めさせる　50
ストラテジー12	自分の問題として考えさせる　52
ストラテジー13	根本的な疑問を考えさせる　54
ストラテジー14	常識をゆさぶり，考えさせる　56
ストラテジー15	調べる活動を通して考えさせる　58

参考文献　60

探求的思考力を育てる学習課題の具体例

地理的分野

❶ 国名・国境・国旗はだれが決めるのか？　62
（世界の様々な地域　世界の地域構成）

❷ 宗教とは何か？　64
（世界の様々な地域　世界各地の人々の生活と環境）

❸ 人口が多い国の違いに迫ろう　66
（世界の様々な地域　世界の諸地域　アジア州）

❹ なぜヨーロッパは統合を進めてきたのか？　68
　　（世界の様々な地域　世界の諸地域　ヨーロッパ州）

❺ アフリカをどのようにしたいか？　72
　　（世界の様々な地域　世界の諸地域　アフリカ州）

❻ オセアニアとアジアの結び付きはどのように強くなったのか？　74
　　（世界の様々な地域　世界の諸地域　オセアニア州）

❼ もしも日本に時差があったら？　76
　　（日本の様々な地域　日本の地域構成）

❽ 世界から見て日本にはどのような気候の特色があるのか？　78
　　（日本の様々な地域　世界と比べた日本の地域的特色）

❾ 農業の生産方法を工夫する目的は何か？　80
　　（日本の様々な地域　世界と比べた日本の地域的特色）

❿ 日本のエネルギー開発は今後，どのようなあり方が望ましいか？　82
　　（日本の様々な地域　世界と比べた日本の地域的特色）

⓫ 開発と環境どちらを優先すべきか？　84
　　（日本の様々な地域　日本の諸地域）

⓬ 「さかん」という言い方はふさわしいのか？　86
　　（日本の様々な地域　日本の諸地域）

⓭ 東北地方のイメージとは？　88
　　（日本の様々な地域　日本の諸地域）

⓮ 北海道＝食べ物はふさわしいのか？　90
　　（日本の様々な地域　日本の諸地域）

歴史的分野

⓯ ヘロドトスの言っていることは正しいのか？　92
　　（古代までの日本）

⓰ 聖徳太子の改革の目的とは？　94
　　（古代までの日本）

⓱ 奈良時代の人々は，どのようなくらしをしていたのか？　96
　　（古代までの日本）

⑱ 鎌倉時代はいつから始まるのか？　100
　　（中世の日本）

⑲ コロンブスの功績をインタビューしよう　102
　　（近世の日本）

⑳ 鎖国のイメージとは？　104
　　（近世の日本）

㉑ 最も人口が増えたのは？　106
　　（近世の日本）

㉒ 田沼意次をどのように歴史に残していきたいか？　108
　　（近世の日本）

㉓ ナポレオンの評価の違いに迫ろう　110
　　（近代の日本と世界）

㉔ イギリスは清と戦争をするべきか？　112
　　（近代の日本と世界）

㉕ 版籍奉還は本当に効果のない政策だったのか？　116
　　（近代の日本と世界）

㉖ なぜ日本はイギリスと日英同盟を結んだのか？　118
　　（近代の日本と世界）

㉗ 日中戦争中の日本は，どのようにしてアジア・太平洋戦争に向かったのか？　120
　　（近代の日本と世界）

㉘ 20世紀はどんな世紀？　21世紀はどんな世紀にしたいか？　122
　　（現代の日本と世界）

公民的分野

㉙ グローバル化はいつごろ始まったのか？　124
　　（私たちと現代社会　私たちが生きる現代社会と文化）

㉚ 少子高齢化対策は民主主義にふさわしいのか？　126
　　（私たちと現代社会　私たちが生きる現代社会と文化）

㉛ 日本文化とは？　130
　　（私たちと現代社会　私たちが生きる現代社会と文化）

㉜ 世の中にある解決策を考えよう　132
（私たちと現代社会　現代社会をとらえる見方や考え方）

㉝ 自分の経営する会社を上場したいか？　134
（私たちと経済　市場の働きと経済）

㉞ 日本企業にはどのような特徴があるのか？　136
（私たちと経済　市場の働きと経済）

㉟ もし，銀行がない世の中だったら？　138
（私たちと経済　市場の働きと経済）

㊱ 日本は本当に経済破綻しないのか？　140
（私たちと経済　国民の生活と政府の役割）

㊲ なぜ集団的自衛権を認めるようになったのか？　142
（私たちと政治　人間の尊重と日本国憲法の基本的原則）

㊳ 日本国憲法は十分に人権保障をしているのか？　144
（私たちと政治　人間の尊重と日本国憲法の基本的原則）

㊴ よりよい選挙制度とは？　148
（私たちと政治　民主政治と政治参加）

㊵ 参議院の目的は？　参議院の意味は何だろうか？　150
（私たちと政治　民主政治と政治参加）

㊶ 行政の違いに迫ろう　152
（私たちと政治　民主政治と政治参加）

㊷ 自分の地域の課題を調べてみよう　154
（私たちと政治　民主政治と政治参加）

㊸ 今の当たり前を問い直そう　156
（私たちと国際社会の諸課題　よりよい社会を目指して）

参考文献　158

第1章

探求的思考力を育てる学習課題のデザイン

1　探究に関する研究

　本章は，本書において一貫して使っていく「探求的思考力を育てる学習課題のデザイン」について説明する章です。

　あらかじめ結論を言えば，「教材研究の段階において，学習内容の分析から授業の目標・ねらいを明確にすることを通して，学習課題を設定したうえで，生徒が課題の結論に至るまでの探求過程を構造化すること」です。探求過程には，主発問となる学習課題を解決するための補助発問や，話し合いや調査を始めとする様々な学習活動，資料の読み取りなどの作業が含まれます。

　本書では，学習課題の提示から，生徒が課題解決を行い，学習課題の結論としての社会認識の形成や，公民（市民）的資質が形成されるまでの探求過程によって育成される力を「探求的思考力」と呼ぶことにします。

　前著に引き続き，本書も"明日使える授業"という部分を大切にしながらも，理論的な研究に関心を広げてもらえるようにしたいと考えています。

　社会科の授業づくりは多くの場合，授業で扱う内容に関する教材研究から始まります。その中で身に付けさせたい力を明らかにし，それを生徒に提示するのが学習課題です。私は教材研究では，様々な学会誌などに発表されている多様な理論・実践研究の活用を重視してきました。また，全国各地で行われる研究授業などに参加し，指導案などを先行実践として活用しています。授業実践のための軸となる理論を探したり，先行実践による課題から新たな授業理論を構築したりする過程が重要だと感じます。本書は，私自身が示唆を得た様々な研究に基づきながら，社会科の理論研究と実践研究をつなぎ，学校現場によりよい授業を提案することに意義があると考えています。

　さらに本書は，現在改訂作業が進められている学習指導要領で示される，"主体的・対話的で深い学び（アクティブ・ラーニング）"の考え方にも対応しています。生徒が主体的に学習課題をとらえるための工夫を提案し，他者

との対話によって学習が深まる過程のデザイン化を試みました。また，実際の授業の様子を，生徒の具体的な姿や活動の様子を通して提示していきます。

さて，本書で示す探求的思考力の理論・実践事例を示す前段階として，「探究」に関する研究から迫りたいと思います[0]。現行学習指導要領では，習得・活用・探究という学習の展開の文脈で「探究」が用いられています。その一方，「探究学習」[1]という1950年代末から60年代にシュワブが提唱した研究があります。探究学習は，科学的な知識を，科学（学問）の探究過程にしたがって習得させる学習です。科学（学問）至上主義に対する批判もありますが，近年では，主権者育成にも寄与する研究も増えてきています。

本書では，学習指導要領で引き継がれてきた「探究」という言葉に基づいて行われてきた授業実践に加え，「探究学習」の理論からも示唆を得て，両面から探求的思考力を育成する授業づくりを提示します。

1　理論的研究

授業づくりの際，教材研究で分析したことを，どのように学習課題の設定に生かせばよいのでしょうか。

次ページに，教材研究の段階から，生徒に身に付けさせる資質・能力を明らかにするための理論的研究を整理しました。

注

0　学習指導要領は，「探究」と表記しています。社会科教育の研究では「探究学習」は「探求学習」とも表記されます。本書は，「興味をもって調べる」の意味で，「探求」と表記します。

1　探究学習については，池野範男「探究学習」日本社会科教育学会編『新版　社会科教育事典』（ぎょうせい，2012年，pp.224～225）を参照しました。探究学習の目指すものが科学的社会認識の形成（社会的事象の理論的説明）なのか，市民的資質の育成（意思決定や行動）なのかについては，論争がありますが，近年は両面を取り入れた研究も出てきています。代表的な例としては，以下の文献があります。

・山田秀和「社会科学科授業構成論の改善―探求学習における理論の批判可能性を高めるために―」全国社会科教育学会『社会科研究』第66号，2007年，pp.21～30

- 北俊夫『社会科学力をつくる"知識の構造図"―"何が本質か"が見えてくる教材研究のヒント―』（明治図書，2011年）
- 森分孝治「市民的資質育成における社会科教育―合理的意思決定―」社会系教科教育学会『社会系教科教育学研究』第13号，2001年，pp.43～50
- 岩田一彦『社会科固有の授業理論　30の提言―総合的学習との関係を明確にする視点―』（明治図書，2001年）
- 岡﨑誠司『社会科の授業改善1　見方考え方を成長させる社会科授業の創造』（風間書房，2013年）

　北俊夫の「知識の構造図」はすでに多くの授業実践で用いられていますが，指導案において，教材研究の視点を示すだけでなく，子どもたちの学力形成にも大切な要件であることを示した点に意義があると言えるでしょう。森分孝治，岩田一彦，岡﨑誠司の研究は，社会科は「社会認識を通して市民的資質を育成する」という立場に立っています[2]。これらの研究から，教材からどのような力を身に付けさせるかということについて考えさせられました。そして，どのような学習課題を設定するかということ，課題に対する生徒の探求過程を設計することが授業づくりにおいて重要であることを学びました。

2　実践的研究

　ここでは，探究的な学習に関する実践的研究を整理しました。

- 田尻信壹『探究的世界史学習の創造―思考力・判断力・表現力を育む授業作り―』（梓出版社，2013年）
- 土屋武志『アジア共通歴史学習の可能性―解釈型歴史学習の史的研究―』（梓出版社，2013年）
- 加藤公明『考える日本史授業4　歴史を知り，歴史に学ぶ！今求められる《討論する歴史授業》』（地歴社，2015年）

田尻信壹は，現行学習指導要領における主題学習の事例として探究的世界史学習を提唱しています。事例として，構築（成）主義[3]，資料の活用・解釈などの多様な表現活動に着目した授業デザインを提示しています。土屋武志は，解釈型歴史学習を提唱し，生徒に史料を解釈させる歴史家体験をさせることによって，自分とは異なる歴史解釈があることを理解する寛容性を身に付けた市民として育っていく，としています。加藤公明の「考える日本史授業」は，生徒が自分の歴史認識を自らの手でつくり，討論を通じて互いに検証し，その認識を発達させられるような授業をしようという考えが根底にあります。教材選択，問い，そのどれもが探求的思考に基づいていると言えます。これらはすべて歴史教育によるものですが，知識獲得が中心であった暗記的な社会のあり方への改革の視点があります。また，様々な研究理論を根拠とした授業実践が紹介されているという点で示唆を与えられました。

注
2　森分は，社会認識の構造，市民的資質の構造を図式化し，社会科教育の授業計画の基礎としての像を示しています。この研究は多くの理論研究に引用され，授業づくりの基礎となっています。岡崎は，北の「知識の構造図」とは異なった立場から，社会的見方・考え方の成長モデルを示し，子どもの成長過程を図式化しています。そして，教材研究から授業設計への手順を示し，社会的見方（概念）を見つけたうえで，それを支える具体的事実（知識）と組み合わせることから成長過程図を示しています。子どもの主体性を最重要視した授業づくりであるという点も示唆に富んでいます。
3　構築（成）主義とは，国家や社会を人々の言語行為によって社会的に形成される存在であるとみなす社会学の考え方です。構築（成）主義歴史教育の主な研究を以下にあげます。
　・二井正浩，宮本英征「『創られた伝統』とナショナルアイデンティティー高等学校　世界史B『世界史への扉（主題学習）』における実践―」日本社会科教育学会編『社会科授業力の開発　中学校・高等学校編―研究者と実践家のコラボによる新しい提案―』（明治図書，2008年，pp.159～177）
　・高橋健司，森川禎彦「異文化の受容と変容を学ぶ文化史学習―南蛮文化を事例として―」日本社会科教育学会編『社会科授業力の開発　中学校・高等学校編―研究者と実践家のコラボによる新しい提案―』（明治図書，2008年，pp.62～75）
　・高橋健司「世界史教育における『人種』概念の再考―構築主義の視点から―」日本社会科教育学会『社会科教育研究』No.94，2005年，pp.14～25
　・藤瀬泰司「構築主義に基づく社会科歴史学習の授業開発―単元『アイヌ問題を考える』」社会系教科教育学会『社会系教科教育学研究』第19号，2007年，pp.55～64

2 探求的思考力を育成する学習課題のデザインの構図

1 学習課題の設定の手順

　本書では,「学習課題」という言葉を使います。問題解決,課題解決など社会科で用いられる言葉の定義については,様々な研究がありますが[4],本書では授業で生徒に示す「発問」「問い」「学習問題」などを総称し,特に授業の中心となるものを学習課題として用いています。

　また,本書では,モデルという言葉を用いずに「デザイン」という言葉を使うことにしました。デザインは,あくまでも授業構造の骨組みをなすものであり,生徒の実態などに合わせて,柔軟に変更できるものと定義しました。モデルとして確立された理論・実践研究[5]もありますが,学校現場では,学級の実態に合わせて授業者の判断で対応していくことが大切だと考えています。

　学習課題の設定,提示方法については,青柳慎一の理論[6]が参考になります。私も前著で,単元を貫く「発問」として学習課題の設定方法を示しました[7]が,毎時間の授業でも同様に考えることができます。以下に,探求的思考力を育成する学習課題の5つの要素として改めて提示します。

---

①1時間の授業（1単元）を通して探求できるものであること。
②学問的な学びにつながり（社会認識形成）,主権者形成（市民的資質の育成）に寄与するものであること。
③生徒に授業（単元）全体の学習に見通しをもたせ,探求したいと思わせることができるものであること。
④各授業で補助発問（単元なら各授業の主発問）を導くものであること。
⑤授業（単元）を振り返る際に,機能するものであること（まとめ・評価）。

この5つの要素を踏まえながら，学習課題を設定するための手順の5段階を以下に示します。

---

①学習内容に関する教材研究（獲得させる事実認識・価値認識の精選）
②単元・本時の目標の設定（生徒に身に付けさせたい力の明確化）
③学習課題の構想（探求を促すための発問構成や学習活動を考える）
　学習課題の設定
④授業の実践・生徒への評価
⑤学習の成果・課題の総括

---

　①については，教材研究の本質です。
　教材研究を行えば行うほど，あれも教えたい，考えさせたい，と思うことばかりが浮かび上がるでしょう。しかし，このようなときに，教科書，学習指導要領を参照し，押させるべき内容を精選することが大切です。
　また，様々な史・資料にあたり，生徒の事実認識や価値認識を深めるための教材を日常から探しておくことが大切です。そして，先行実践や，研究論文なども収集し，活用できるとよいと思います。どうしても「難解な論文は学校現場では使えない」という発想になりがちですが，優れた研究論文からは教材（内容）から学習課題の設定まで様々な示唆を得ることができます。

注
4　例えば，問題解決学習，課題解決学習の定義の違いについては，中妻雅彦編『愛知教育大学教職大学院発　「考える」社会科の授業』（同時代社，2016年，p.180）を参照。
5　千葉大学教育学部附属中学校社会科部では，生徒の思考の流れや社会認識の深化をモデル図として示し，授業計画に活用しています。詳しくは，「社会認識の深化を目指す社会科学習の在り方～自己理解・自己決定との関わりに着目して～」『第51回中学校教育研究会』，2015年6月20日（土），pp.42～53を参照。
6　青柳慎一『中学校社会科　授業を変える課題提示と発問の工夫45』（明治図書，2015年，pp.12～13）
7　拙著『単元を貫く「発問」でつくる中学校社会科授業モデル30』（明治図書，2015年，p.10）

一方，教材研究を行っても，何を考えさせればよいのかと悩む内容もあるはずです。よく聞かれるのが，歴史的分野の民衆の生活や文化に関する内容や，公民的分野のトピックス的な内容です。このような悩みは，多くの場合はその内容だけを見ているからだと思います。まず，単元の課題設定があって，どのような文脈でその内容が生かされるか，という視点で考えましょう。
　②は，単元・本時の目標の設定です。
　目標とは，学習によって生徒に身に付けさせたい力や，学習を終えた時点で生徒にどのような認識をもたせたいか，を明確にしたものです。目標を明確化するためには，授業者が「学習のまとめの段階で，生徒がどのような状態であればよいのか？」という視点から考え，答えられることが大切です。
　研究的，提案的な授業を実践する場合においては，①よりも②が先に来ることもあると思います。例えば，「開かれた歴史認識[8]を育成する」や「社会参画の態度を育成する」という目標に基づいて，どのような教材がふさわしいかと考える手順です。この場合は，年間指導計画のどこに位置付け，いつ実践するかという計画も大切です。このように考えると，①が終わったから②へ進む，という単純な手順ではありませんが，学校現場では日々，授業が展開していかなければならない現状があるので，本書では①→②という順番にしました。
　③は，②で決まった目標に対して，どのような学習課題を設定すればよいかを構想する段階です。
　特に大事なのは探求過程です。学習課題からどのような思考過程を経て，目標に辿り着くのかを考えなければなりません。私自身もそうなのですが，教育実習生の多くは，この過程で苦しんでいます。仮に知識獲得を目標に設定した授業であったとしても，単に教科書に書いてある知識をすべて網羅しようとするのではなく，どのような思考過程で習得すべき知識が必要となるかを考えます。その際に知識の構造図や，問い（発問）の構造図[9]，トゥールミン図式などを活用することが考えられます。学習課題である主発問を探求するために，どのような補助発問をすれば生徒の思考を促し，主発問の結

論に辿り着くことができるか、その過程を考えます。

　また、発問と同様に大切なのは、学習活動の設定です。作業を伴うもの、ジグソー法などに代表される協調学習、話し合い、討論など、様々な活動が考えられます。「活動あって学びなし」という批判は、活動の設定から授業づくりを始めてしまうことに向けられたものです。目標があるから活動が生きるのであり、活動を決めてから目標を設定することは通常ありません。例えば、資料からわかることをまとめていくという目標に対しては、ジグソー法は有効な活動となるでしょう。一方、開かれた歴史認識の育成であれば、解釈を討論し、発表するというような活動がよいでしょう。そして、活動による生徒の姿も想定しておく必要があります。異なる意見をもった生徒同士が、話し合いによってどのような認識変容や深化があるのかも考えたうえで、必要な活動を設定しましょう。

　また、学習課題が単元全体に及ぶものであった場合、教科書の順序の入れ替えを行うなど、大幅な単元の組み換えが必要です。もちろん、生徒に「今、どこを学習しているかわからないので復習できない」という思いをさせないためにも、組み換えの際は、教科書のページ数などを示す配慮も大切です。

　ここまで述べてきた①・②・③の過程を次ページに図示しました。

注
8　開かれた歴史認識に関する研究としては、以下の文献があげられます。
　・池野範男「市民社会科歴史教育の授業構成」全国社会科教育学会『社会科研究』第64号、2006年、pp.51〜60
　・児玉康弘『中等歴史教育内容開発研究―開かれた解釈学習―』（風間書房、2005年）
　・原田智仁『世界史教育内容開発研究―理論批判学習―』（風間書房、2000年）
　・溝口和宏「開かれた価値観形成をめざす歴史教育の論理と方法―価値的知識の成長を図る四象限モデルの検討を通して―」全国社会科教育学会『社会科研究』第77号、2012年、pp.1〜12
　・山田秀和『開かれた科学的社会認識形成をめざす歴史教育内容編成論の研究』（風間書房、2011年）
9　片上宗二『社会科教師のための「言語力」研究―社会科授業の充実・発展をめざして―』（風間書房、2013年、pp.30〜32）

⑤学習の成果・課題の総括
　　生徒の社会認識の形成・社会参画の態度形成の成果・課題

④授業実践・生徒への評価
　　授業時の生徒の反応や様子，授業時の生徒の達成度の評価

探求的思考力を育成する学習課題のデザイン

学習課題の設定

発問構成を総括するような課題か？　　　学習活動を行う必然性のある課題か？

③学習課題の構想
　　探求を促すための発問構成や学習活動を考える

どのような発問なら認識が深まるか？　　　どのような学習活動が適切か？

②単元・本時の目標の設定
　　身に付けさせたい力・学習を終えた時点での生徒の状態

①学習内容に関する教材研究
　　学習内容・教材から獲得させる事実認識・価値認識の精選

図　探求的思考力を育成する学習課題・授業づくり

2 授業実践・成果と課題の総括

　学習課題を設定した後は,いよいよ授業実践を行います。ここでは,前述した手順の④・⑤について述べていきます。

　④については,授業実践を行った際の,生徒の反応や活動への取り組みの様子を記録することです。指導案の通りに授業が流れたとしても,生徒の思考が教師の想定通りの探求過程になっているとは限りません。学習課題を提示した途端にすでに結論に辿り着いてしまった生徒がいたということもあるでしょうし,結論に至るために補助発問や資料提示を行っても,生徒がまったく考えられなかったということもあるはずです。

　このようなときに,設定した学習課題そのものに問題がなかったのか,という視点で振り返ることも必要です。私は,次山信男(東京学芸大学名誉教授)先生に「仮想授業記録をつくることが大切です。生徒の仮想授業記録があるから,実際の授業で生徒の反応が違ったときに,どこに原因があったのかがわかるのです」という指導を受けたことがありました。毎時間作成することは難しいのですが,最近ではクラスや生徒の個々の違いも含めた仮想授業をつくることができています。もちろん,「授業・生徒は生もの」と言われるように,教師が想定した通りになることなどないと思うようにしています。

　また,後述する,授業における生徒への評価も,達成度を測ることにとどまらず,指導上の課題を明確にし,授業改善に生かすためにも重要です。

　⑤については,学習目標に対して,生徒がどのような社会認識を形成できたのか,社会参画の態度形成はできたのか総括をすることです。私はクラスノートを活用し,そこからわかる成果や課題を,次に同じ教材を扱ったときの教材研究の視点としています。

　授業づくりはこのようなサイクル(PDCA サイクル)なのだと考えています。

3 探求の成果の掲示

　授業での単元末に行うまとめの課題などは、できるだけ保存し、掲示しておくのがよいと思います。例えば、下の写真は単元の学習を終えた後の生徒たちのレポートです。単元の課題に対し、生徒がまとめたものを教室廊下の掲示板に貼っています。生徒同士の学びにつなげることが目的ではありますが、教師はこのレポートから授業の反省点を見いだします。生徒の作品を見て、単元・本時の目標に思考が至っていない場合、授業づくりのどこに課題があったのかを明確にし、授業改善の視点にすることができます。

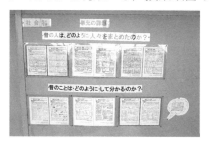

歴史的分野の掲示物　　　　　　　地理的分野の掲示物

　私の実践例ですが、左上の写真に掲載しているレポートは、「昔のことはどのようにして分かるのか？」という単元の課題を探求したときのものです。そのとき、単元の課題について結論をまとめましょう、という指示でレポートを作成させました。私は「昔のことは、史・資料の解釈、遺跡の発掘などによりわかる」という結論を期待していたのですが、単元で学習した内容を単に自分の言葉に直して再構成したレポートばかりが提出されてしまいました。そこで、次のレポート作成の際には、結論を明確にすること、という指示を出し、毎時間の授業の中で単元の課題を意識させるという手立てをとるようにしました。その結果、地理的分野での学習の際には、生徒の単元のまとめレポートの質が向上していることがわかりました。

　そして、また新たな授業づくりのサイクルに入ります。生徒の記述などは、記録として残しておくことが大切だと思います。

3 主体的・対話的で深い学び（アクティブ・ラーニング）との関連

1 学習指導要領改訂の動向から考える

　現在，学習指導要領の改訂作業が進められ，"主体的・対話的で深い学び（アクティブ・ラーニング）"が教育改革の中心となっています。「授業の質的転換」という改革の趣旨に基づき，カリキュラム編成から「思考ツールの活用」といった教育技術的な面まで，様々な提案がなされています。また，これに関連して，社会科においても様々な書籍・研究[10]が出版されています。

　学校現場では，毎時間行うのは不可能だという声もあります。「習得・活用・探究」という学習過程であれば，1つの内容について，習得・活用は第1時，探究は第2時に行うということが考えられます。「年間指導計画の中で軽重をつける」と言われますが，探究を重視するところと習得・活用を重視するところを分けることも大切だと考えています。当然，思考ツールやICTなどの活用の方法論を検討することは大切ですが，前述したように学習活動の設定から授業づくりを始めることは避けるべきです。

注
10 中学校社会科を扱ったアクティブ・ラーニングに関連した書籍には，以下のものがあります。
・乾正学『中学歴史　生徒が夢中になる！アクティブ・ラーニング＆導入ネタ80』（明治図書，2016年）
・小原友行編『アクティブ・ラーニングを位置づけた中学校社会科の授業プラン』（明治図書，2016年）
・坂井俊樹編『社会の危機から地域再生へ―アクティブ・ラーニングを深める社会科教育―』（東京学芸大学出版会，2016年）
・西川純編，朝比奈雅人・後藤武志『すぐ実践できる！アクティブ・ラーニング中学社会』（学陽書房，2016年）
・橋本康弘編『中学公民　生徒が夢中になる！アクティブ・ラーニング＆導入ネタ80』（明治図書，2016年）
・峯明秀編『中学社会科"アクティブ・ラーニング発問"174　わくわくドキドキ地理・歴史・公民の難単元攻略ポイント』（学芸みらい社，2016年）

また，話し合い活動を入れることについても，生徒に学習への責任感を生み出すためという教師側の目的ではなく，生徒自身に話し合い活動をしたい，と思わせられるような学習課題を提示することの方が大切であると考えます。

2　社会科におけるアクティブ・ラーニング

　前著において，アクティブ・ラーニングでも，単元を貫く「発問」の考え方を活用することができるとしましたが，その考えは変わりません。探求過程で，協働的な学習による効果が期待されるのであれば，活動を取り入れ，個人での学習が必要であると考えた場合は，それでもよいと思います。

　例えば，東京大学 CoREF が展開する協調学習の１つである知識構成型ジグソー法（以下，ジグソー法）が注目されていますが，授業の目標に対してジグソー法が目標を達成する手立てとなるかを吟味してから取り入れなければなりません。ジグソー法は，学習課題のゴール設定によって学習が変わっていきます[11]。そして，ジグソー法によって期待されている効果は，学習で学んだ知識を見直して再構成することや，次時以降の学習に向けての見通しや動機付けを得ることです。安易にジグソー法を取り入れれば，知識構成自体が目的化され，学習課題の結論は，閉じたもの（クローズド・エンド型）になってしまいますが，ジグソー法はオープン・エンド型の課題で用い，その後の個人やグループでの課題の探求につなげることもできるのです。

　加藤公明は，アクティブ・ラーニングが予定調和的，教師の誘導的な授業（正答主義）になりかねない[12]としていますが，あらかじめ教師が設定した認識に到達させることがねらいなのか，開かれた認識を形成させることがねらいなのか，授業づくりの際に第一に考えたいものです。

　また，授業を行ううえで大切なのは，生徒の実態把握ですが，例えば，「複数の資料を読み取ることに課題がある」ことが明らかになった生徒たちに対する手立てとして，ジグソー法がふさわしい学習活動と言えるかどうか，など実態に合わせて手立てを再考していく必要があります。

3　開かれた認識形成を促す授業展開

　私はアクティブ・ラーニングの中でも，特に生徒の認識を開くものにする解釈・評価・判断を伴った学習活動を多く取り入れるようにしています。

　次ページの写真は，地理的分野のオセアニア州の授業において，マオリ族の女性が来日した際，民族の伝統文化であるモコを刺青と判断されたため，日本の温泉施設への入浴を拒否された，ということを題材に筆者が実践した授業です[13]。展開では，まず，個人で考え，グループでの討論をしたうえで，自分のグループの話し合いの結果や合意形成の過程をホワイトボードにまとめます。写真はホワイトボードを掲示した場面のものです。

注
11　飯窪真也は，知識構成型ジグソー法の実践例として，豊臣秀吉の政治を学ぶ際に「太閤検地」「刀狩令」「身分統制令」の3つの政策をエキスパートとした2つの授業デザインを示しています。A先生が課題を「豊臣秀吉の3つの政策を学ぼう」と設定した場合とB先生が「豊臣秀吉はどんな社会をつくったか」と設定した場合，生徒の行き着くゴールについて，以下のように示しています（三宅なほみ他『協調学習とは』北大路書房，2016年，pp.160～167）。
・A先生の課題の設定だと，ゴールは3つの政策それぞれの要約（＝各エキスパートで考えてきたこと）をそのまま並べただけの解答になってしまう。
・B先生の課題の設定だと，課題に対して，答えを出すためには，3つの政策の共通点やそれらが結局社会全体にどのような影響を与えうるか，を考察する必要が生じる。また，この場合，ただ3つの制度について学習した，ということだけでなく，3つの制度が武士中心の身分社会の基盤をつくったことを自分なりに理解することで，続く江戸時代の学習にもつながる理解を形成することができる，と言えるだろう。
12　加藤公明は，田村学『授業を磨く』（東洋館出版社，2015年）を引用し，自らの「考える日本史授業」と，文科省の「アクティブ・ラーニング」が目指すものの共通性と，その異同について述べています。考える日本史を通じて生徒は，歴史を自ら考えることのおもしろさと大切さを体験し，どうしたら歴史を科学的に解明することができるかの方法も身に付けていく，としています。これに対し，アクティブ・ラーニングでは，学習指導要領に準拠した教科書記述や文科省・教育委員会などが児童・生徒にもたせたい認識，ないしは教師が選定した「望ましい解」＝「正答」など，児童・生徒の外部で決定され，それを学習する方法がアクティブ・ラーニングとされる可能性が高い，としています（加藤公明『考える日本史授業4　歴史を知り，歴史に学ぶ！今求められる《討論する歴史授業》』地歴社，2015年，pp.303～315）。
13　木村真冬「シティズンシップ教育に地理・歴史教育はどのように関わることができるのか」日本社会科教育学会春季研究大会報告資料，2015年5月24日（日）を先行実践としました。

授業の終末は、学級全体での討論を経て、再び個人の思考に返すようにしました。探求過程に話し合いを入れることにより、多様な
意見にふれ、生徒たちの認識を深めること、より開かれたものにすることをねらいとしました。

単元全体では「オセアニアとアジアの結び付きはどのように強くなったのか？」を探求してきましたが、アジアとの結び付きが強くなった一方で、日本でこのような問題が起きたことについて生徒に考えさせました。学習指導要領に示される地理的分野の学習内容とは異なるのではないか、という批判もありましたが、地理・歴史的分野でいかに市民性を育成するかという視点から、学習課題を設定しました[14]。生徒の認識の深まりが不十分な点もありましたが、生徒が主体的に探求する姿は、成果であったと考えています。

近年、社会科授業の変革がこれまで以上に叫ばれてきました。その根底は、課題の探求よりも、「暗記」を強いる授業が問題視された結果であろうと思います[15]。私は、生徒が話し合いをして答えを導いたり、協働で作業したりする授業が大切だと思いますが、毎回行うことはできませんし、毎回行うことが望ましいとも思いません。一斉授業で基本的な知識習得を目指す授業も必要であると考えています。しかし、知識習得型授業であっても、主体的な学習にするためには、生徒がどのように考えることで知識となっていくか、その探求過程を常に教師が考えることが大切と思っています。

注
14 拙稿「主権者を育成する主体的・協働的な学習―オセアニア州から人権保障の本質を問い直す―」埼玉県社会科教育研究会第45回研究発表大会資料、2016年8月10日（水）
15 坂井俊樹前掲著、p.10

4 評価の方法

1 評価の考え方

　ここでは，授業実践を行った後の「生徒への評価」について考えていきます。評価の機能として，①生徒が自らの学習状況を把握し，今後どのような点に力を入れればよいのかを明確にする機能，②教師が自身の日々の指導，授業を見直す手がかりとしての機能の2点があります[16]。

　特に，大規模校では，1学年を複数教員で担当することが多く，教員間での評価の差が生じないよう，客観的な評価を出す工夫をしていることと思います。しかし，工夫のある授業を行っても，学年末の評価・評定が定期テストの点数が中心になっているという現状がないでしょうか。学校の年間計画として定期テストがある以上，生徒・保護者の関心が高くなるのは当然ですが，授業における評価が生徒の意欲につながるのも事実です。評価は教員，生徒，保護者で共有，理解することが大切です。そこで，定期テストでは見取ることができず，授業でこそ見取れる力を明確にしておく必要があります。

2 学習活動の評価

　「生徒に様々な活動をさせるが，どのように評価すればよいかわからない」という声を聞きます。数字で点数化できる定期テストとは異なり，学習活動や制作物に対する評価は，教師による主観的な判断が多くを占めているからです。学習活動の評価は，その授業の目標に対して，どのように活動を位置付けたかによって変わります。例えば，「特色をまとめる」という目標に対して，話し合い活動を取り入れた場合，話し合った内容の表現のさせ方によっては，【思考・判断・表現】としても，【技能】としても評価することはできます。しかしながら，観点別評価では，授業を実施した後に，観点を当て

はめるのではなく，単元計画の作成時に，どういう場面を設定すれば，評価ができるかを考えることが重要です。

3 本書における評価

本書 p.30 から紹介する学習課題デザインのストラテジーに対し，どのような学習活動の工夫が可能か，どのような観点から評価することができるかを，以下の表に一例として示しました。しかし，評価は本来，「観点ごとに，どのような学習活動を設け，どのような方法で評価していくか」というものですので，評価のための活動とならないよう，指導と評価が一体化した評価計画の作成と学習課題の設定をしましょう。

表　本書の学習課題デザインのストラテジーの観点別評価の一例

No.	ストラテジー	学習活動の工夫	主な評価方法	評価の観点			
				関	思	技	知
1	原因・理由	探求型学習	記述課題・定期テスト				●
2	特徴・特色	ジグソー法	記述課題・定期テスト				●
3	変化・過程	協調学習	説明的な記述課題			●	
4	目的・意味	ジグソー法	記述課題・定期テスト				●
5	具体的定義	探求型学習	論述・レポート		●		
6	興味・関心	話し合い活動	話し合い活動の記録	●			
7	架空の場面	パフォーマンス課題・定期テスト			●		
8	違いの比較	グループ学習	説明的な記述課題			●	
9	未来志向	オープン・エンド型	話し合い記録・論述	●			
10	批判的思考	探求型学習	論述課題		●		
11	二者択一	討論学習	ワークシート，ノート		●		
12	自分の問題	話し合い活動	話し合い活動の記録	●			
13	根本的な疑問	協調学習	説明的な記述課題				●
14	常識のゆさぶり	討論学習	記述課題・定期テスト			●	
15	調べる活動	発表学習	レポート		●		

注
16 拙稿「学習指導の評価と充実」橋本美保・田中智志監修，大澤克美編『教科教育学シリーズ② 社会科教育』（一藝社，2015年，pp.222〜234）

5　学習課題デザインのストラテジー

p.30から，具体的な15のストラテジーに基づき，学習課題のデザインを提示していきます。そして，チャート図やワークシートで学習展開を示しています。

1　デザインチャート図

チャート図で用いている記号などは，およそ以下のような意図があります。

⇧（上向き）	具体的な事象から，より抽象度の高い概念に見方・考え方が成長していくもの
⇩（下向き）	具体的事象を探求していった結果，より深い見方・考え方に成長していくもの
網掛け	学習の重点部分にあたる部分を強調したもの

また，学習課題のデザインを具体的にイメージしていただくために，チャート図は，単元，または１時間の，ほぼすべての実際の授業の流れを示しています。第２章では，紙幅の関係で，チャート図の一部しか掲載することができていない単元・授業もありますが，その前後については，第１章のデザインのストラテジーの説明部分も合わせて読んでいただければと思います。

本書で紹介している授業は，前著『単元を貫く「発問」でつくる中学校社会科授業モデル30』で紹介したものもいくつか含まれています。前著は，単元全体の流れを示し，単元の導入やまとめの部分を中心に掲載したものでしたが，「毎時間の授業がどのようになっているかを知りたい」というご意見もありましたので，授業展開を具体的に示すことを心がけました。また，前

著で一度扱った単元や授業も，探求的思考力を育成する学習デザインとしてとらえ直すと，どのような探求過程になるかを改めて示す意図もあります。

　チャート図は，学習指導案と異なり，留意点や使用する資料などは示していませんが，生徒が提示された発問・学習課題によってどのような思考で探求しているかを提示しています。チャート図に基づいてワークシートを作成することも可能ですし，日々の学習をまとめるのが苦手な生徒のために，チャート図を掲示物として貼ることで，授業者の意図や学習内容を共有することもできるでしょう。また，授業を参観していただく場合などに，参観者に授業の流れやねらいを簡潔に示すためにも活用できると考えています。

2　学習課題デザインのストラテジー

　学習課題のデザインを描くことは，教師が理想とする授業の展開を考えるためだけでなく，生徒にこうなってほしいという姿や，このように探求してほしいという筋道を描くためのものでもあります。通常は学習課題の提示から授業の終結部に至るまでの生徒の探求過程を示すのが一般的であると思いますが，本書では，授業後の生徒の姿を想定し，そこに至るまでの思考の流れを構造化することから学習課題を設定するという示し方をしました。このような提示方法が授業づくりの本来の方法と合っていると考えたからです。

　本書で示した学習課題のストラテジーは，多くの授業で用いられている学習課題の性質を整理し，分類したものです。しかし，学習課題で用いる問いや提示方法は，授業者や生徒の実態によって異なるものでしょうし，本書で示した15の例で，すべての社会科授業の学習課題を網羅したとも考えていません。

　また，同じ教材であっても，違う学習デザインで扱った方が行いやすいという場合もあると思います。実際に私も，年度ごとの生徒の実態によって，同じ教材であってもデザインを変えて扱うことがほとんどです。

第2章では，私が実際に行った授業に基づき，授業の様子を例示しました。
T：教師　S：生徒
　まとめの場面などは，生徒の解答を【B規準】として，設定しています。また，生徒が複数の解答を示している授業もありますが，多様な思考の広がりを期待したものとして，それぞれの解答を【B規準】としています。授業展開が想定通りになるとは限りませんが，異なった場合，その原因がどこにあるのかを，デザインを活用して再度検討していただければ幸いです。

　授業づくりにおいて大切なことは，教師自身も学習課題に対して探求したか，ということに尽きると思います。私は授業規律の確立に苦労した時期もありましたが，生徒の探求過程を図示することができるようになってようやく，生徒が関心をもって授業を受けることができるようになったと思っています。
　教師自身も日々の生活で，「そうだったのか！」と思うことがあるはずです。それを生徒にそのまま伝えるのでは探求にはなりません。生徒に「なぜ？」と思わせることに始まり，予想に対して結論に意外性があるからこそ，生徒は「わかった！　おもしろい！」と言えるのです。
　探求は，日常にある「なぜ？」という疑問を科学的・学問的に説明する力であるかもしれませんが，本書が示す「探求的思考力」とは，これに加え，社会を多面的に見る力，よりよい社会をつくるための力に他なりません。
　本書が，学校現場の先生方の授業づくりのヒントとなり，授業を通して，自ら探求しようとする生徒の育成につながることを心から願っています。

ストラテジー 1
原因・理由を考えさせる

　「なぜ？」という問いは，原因・理由を考えさせるための学習課題です。授業者は主発問（MQ：メイン・クエスチョン）「なぜ？」の答えを導くために，補助発問（SQ：サブ・クエスチョン）として，さらに細かな発問をします。発問構成（問いの構造）の設計は，生徒の探求過程の設計でもあります。これにしたがって，生徒に科学（学問）的に探求させることができます。

　生徒の学習のまとめ方も重要です。「〇〇が△△なのは，□□だから」という答え方になるように指導することや，トゥールミン図式を用いて，原因・理由に当たる部分を記述させるなど，生徒のまとめ方についても十分に指導していく必要があります。

1 よく調べてみないと理由が出せないような投げかけをする

　生徒に「なぜ？」を探求してみたい，しなければならないと思わせる問いにするためには，次の2つが重要です。
❶これまでの経験や常識から考えて意外性があり，調べてみたくなるもの
❷調べることによって，自分自身の生活にかかわりを見いだせる期待感を抱くもの

　そして，すぐに答えが出てしまうような問いでは，授業を貫く学習課題とはなりません。「なぜ？」と問われている事象そのものを丁寧に調べることはもちろんですが，様々な社会的事象との関係性などから，答えに導けるようにすることが大切です。

2 理由を解明した後に新たな疑問につながるようにする

　学習課題の答えとなる原因・理由は，生徒が明快に答えられるものとなっていなければなりません。さらに，納得を伴う回答であることが必要です。

D：データ（Data）・事実
C：結論（Claim）
W：理由付け（Warrant）

| D：江戸幕府が開国をする。 | → | C：江戸幕府が滅亡する。 |

【学習課題】なぜ開国が江戸幕府の滅亡につながるのか？
W：攘夷派が外国と戦ったが，攘夷が不可能と考え，江戸幕府に代わる新たな政府の樹立が大切であると考えたから。

図　トゥールミン図式を用いた江戸幕府滅亡に関する事実認識の構造

　江戸幕府が開国の判断をしたこと（事実）が，江戸幕府の滅亡につながったということ（結論）から，学習課題を設定します。授業は，この理由を探求することが中心となります。

　そして，原因・理由を解明した後に，新たな疑問につながるようにすることが何よりも大切です。例えば，「この後新政府は，どのような外交を行ったのだろうか？」「新政府は江戸幕府をどのように滅ぼしたのか？」など，他の事象に学習が発展すれば，これ以上ない学習効果と言えるでしょう。

　新たな疑問については，その授業内では答えられないかもしれませんが，生徒が家庭に疑問を持ち帰れることも学習の成果なのです。

〈参考文献〉
・尾原康光『自由主義社会科教育論』（溪水社，2009年）

ストラテジー 2
特徴・特色を考えさせる

　「どのような？」という問いは，社会的事象にどのような特徴があるのか，他の事象と比べてどのような特色があるのかを考えさせるための学習課題です。生徒は，調べ学習や，比較考察を行うことによって答えを出します。

1　調べてみたいと思う問いかけをする

　生徒に「どのような？」を探求したい，と思わせる問いにするためには，次の２つが重要です。
❶その社会的事象を調べることによって，新たな発見を抱くもの
❷調べることによって，様々な社会的事象との関係を見いだせるもの
　「なぜ？」の問いと同じですが，すぐに答えが出てしまうような問いでは授業を貫く学習課題とはなりません。「どのような？」と問われている事象そのものを丁寧に調べることはもちろんですが，様々な社会的事象との関係性などから「だから，このような特徴・特色がある」という答えに導けるようにすることが大切です。

2　特徴・特色がある理由を探求させる

　特徴・特色をとらえる学習は，地理的分野において，多く用いられます。資料や白地図を用いて，調べた地域の特色が明らかになります。そのうえで，「特徴・特色があるのはなぜか？」と問うことにより，学習が発展します。

```
┌─────────────────────────────────────────────────┐
│ アメリカの農産物は，生産量も輸出量も多い。      │
│ ※国内で消費される量を上回っているため。        │
└─────────────────────────────────────────────────┘
                    │      ┌──────────────────────┐
                    ▼      │ 国内消費量の多い中国と比較する │
                           └──────────────────────┘
┌─────────────────────────────────────────────────┐
│【学習課題】アメリカの農業にはどのような特徴があるのか？│
└─────────────────────────────────────────────────┘
                    │      ┌──────────────────────┐
                    ▼      │ 白地図を用いて調べる │
                           └──────────────────────┘
┌─────────────────────────────────────────────────┐
│【特徴・特色】西部では放牧，北西部では小麦，北東部では酪農，南部│
│では綿花栽培，中央部ではとうもろこし，大豆が生産されている。│
└─────────────────────────────────────────────────┘
                    │
                    ▼
┌─────────────────────────────────────────────────┐
│【特徴・特色がある理由を考えさせる】            │
│このような特徴・特色があるのはなぜか？          │
└─────────────────────────────────────────────────┘
                    │      ┌──────────────────────┐
                    ▼      │ 各地の雨温図と比較する │
                           └──────────────────────┘
┌─────────────────────────────────────────────────┐
│ 国内の気温，降水量，土地などの自然条件が異なるので，地域の環境に│
│ 適した農産物を生産する適地適作を行っている。    │
└─────────────────────────────────────────────────┘
```

図　アメリカの農業の特徴の調査における探求的思考の深まり

　「アメリカの農業分布にこのような特色があるのはなぜか？」と問うことにより，アメリカの農業は，環境に適した農作物を生産しているということが明らかになります。そして，適地適作という理由に辿り着くのです。

〈参考文献〉
・荒井正剛「中学校社会科地理的分野における外国地誌学習のあり方（2）：アメリカ合衆国とマレーシアを事例とした実践的研究」日本地理教育学会『新地理』54（3），2006年，pp.1～14

ストラテジー 3
変化・過程を考えさせる

　「どのように？」という問いは，社会的事象の変化や変遷の過程を考えさせるための学習課題です。授業者は，結果を先に生徒に示します。そして，主発問（MQ）として「どのように？」を設定し，過程を探求させます。

　過程を考えさせるためには，歴史的な変遷から考えていくことも必要です。単に事実を並べただけでは，学習課題の答えになりません。時間軸の中で，何が変化の要因になったのか，発展の契機となったのかを位置付け，まとめる力が身に付くよう十分に指導しなければなりません。

1　変化・過程を時間軸の中で考えさせる

　例えば，生徒に「どのように発展したのか？」について考えさせるためには，ある時点からある時点の変化が明らかな資料提示を行う必要があります。生徒が探求したいと思えるような資料の工夫が学習にとって大切です。

　次ページでは，「日本の選挙制度はどのように変化してきたのか？」という問いを学習課題とした場合の授業例を示しました。この授業では，戦前の制限選挙から戦後の変化を調べたり，中選挙区制から現行の小選挙区比例代表並立制に至るまでの過程を説明したりする展開が考えられます。

2　過程を説明させたうえで，今後の課題や見通しを考えさせる

　過程や変化を説明させることができたら，発展学習として，今後の課題や見通しを考えさせる学習に高めることができます。次ページの図は，日本の

選挙制度の変化の過程を説明するものとなっています。過程が説明できたところで，現状の制度に対する批判的な思考や，新たな制度設計を行う学習に発展させています。

【発展課題】日本の選挙制度は，現状の制度でよいのか？ 新たな制度を考えた方がよいのか？

↑

| 小選挙区では，大政党が有利になるという特徴があり，比例代表では，少数意見も代表されやすい代わりに，少数政党が乱立することがある。 | 小選挙区で落選した議員が，比例代表で復活当選することに対する国民の疑問がある。
また，投票率が下がっているという問題がある。 |

↑

現状の選挙制度にどのような課題があるか？

↑

| 大日本帝国憲法では，男性のみに選挙権が与えられていたり，納税額による制限があったりしたが，日本国憲法では，普通選挙の原則が保障されている。 | 日本の衆議院総選挙は，中選挙区制がとられていたが，様々な問題点が指摘され，廃止となり，1996年以降は，小選挙区比例代表並立制がとられている。 |

↑

【学習課題】日本の選挙制度はどのように変化してきたのか？

図　日本の選挙制度の考察における探求的思考の高まり

ストラテジー 4
目的・意味を考えさせる

　「何のために？」と問う，目的・意味を考えさせるための学習課題は，社会的事象の目的を調べるために機能します。また，具体的な答えを期待するこの学習課題は，1時間の授業全体の学習課題として成立させることよりも，「なぜ？」「どのように？」といった主発問（MQ）を探求する過程で，補助発問（SQ）として出される場合が多くなります。

1　主発問の探求を補助する

　目的を問うことは，1単元または1時間の学習問題としては成立しにくいものです。なぜなら，社会科では，具体的事象を通して，抽象的な概念（国家・社会のあり方）などを探求することが多いからです。このため，目的を問うことは，1時間の授業のメインの学習課題ではなく，探求過程の中で，サブの学習課題として機能させることが有効であると考えます。

2　目的から学習課題の結論を導く

　目的・意味を明らかにしたら，その授業で得た知識を活用して，学習課題の結論を導くようにします。次ページは，豊臣秀吉の政策を探求する過程で，太閤検地，刀狩，朝鮮侵略の目的を調べる学習を取り入れています。それぞれの目的が具体的に明らかになったうえで，豊臣秀吉がどのような政策をとっていたのかを具体的な言葉を用いて結論付けます。

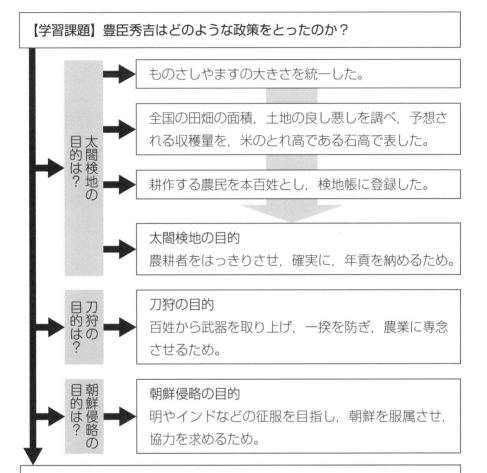

図　豊臣秀吉の政策における探求的思考の深まり

　この学習では，太閤検地，刀狩，朝鮮侵略の3つを学習の柱としています。3人組でそれぞれを分担して調べたうえで，学習課題の結論を出すジグソー法による学習展開も考えられます。

ストラテジー 5
具体的に定義させる

　「〜とは何か？」「〜とは？」と問うことにより，具体的に定義させる学習につながります。この学習課題は，一つひとつの言葉を調べる学習において使われることが多くなるでしょう。また，調べたことによって，最初とは異なった見方ができるようになるような事象を扱う場合には，単元全体で「〜とは何か？」「〜とは？」を探求することにより，扱っている事象に対する，１時間ごとの生徒の認識の変容を見ることもできるでしょう。

1　明確な言葉で表現できるようにする

　社会的事象の説明は，多くの場合，抽象的な概念を用いることや，説明するために難解な表現をしなければならない場合があります。そこで，明確な言葉で説明できるような手立てを講じる必要があります。

2　発展的な発問により，より深い探求につながるようにする

　言葉を定義するだけでは，辞書や用語集で調べたことを発表するのと変わらない授業になってしまいます。そこで，今まで考えてきたことを覆すような発問によって，新たな定義のできる学習に発展させることが大切です。
　次ページでは，単元「世界地図とは何か？（何のためにあるのか？）」において，世界地図を定義する学習を行っています。発展学習では，日本と外国でつくられた世界地図を比較する学習を行い，単元の最初の考えとは異なった新たな定義付けができるようにしています。

【単元の課題】世界地図とは何か？（何のためにあるのか？）

> 世界地図とは何か？（最初の考え）
> 立体である地球儀に対し，地球を平面に示したもの。

> 世界地図と地球儀の違いは何か？
> ・立体である地球儀に対し，世界地図では，距離や面積，方位，形などをすべて正確には表すことができない。
> ・しかし，世界地図は，世界全体を一度に見たり，持ち運んだりする際には便利である。

> 世界地図を見て，世界にはどのような国があるのか調べよう
> 面積の大きな国，小さな国，植民地にされた歴史から直線の国境をもつ国がある。また，世界から国とは承認されていない地域もある。

> 【発展課題】外国の世界地図と日本の地図を比べるとわかることは？
> ・北方領土がロシア領として描かれている世界地図もある。
> ・樺太の色のつけ方が異なる世界地図もある。

【学習課題の結論】
・世界地図とは，作成した国の領土に関する主張を表すものである。
・世界地図とは，作成する側の意図があり，国内外に伝えるものである。

図　世界地図の定義における探求的思考の深まり

〈参考文献〉
・渡部竜也「批判的思考力を育成する地図学習の単元開発―『構築主義的アプローチの罠』の克服を通して―」中国四国教育学会『教育学研究ジャーナル』第3号，2007年，pp.49〜58

ストラテジー 6
興味・関心を高める

「～のイメージは？」と問うことは，学習する前の知識や概念を確認するために有効に機能します。そして，そのイメージが合っているのか，違うところがあるのかを検証します。このような展開によって，探求的思考力を身に付けることができます。

1 どのような答えであってもよいという教室の雰囲気をつくる

授業で意見を求めても，なかなか手をあげて発言できない生徒は多数います。そのような生徒の多くは，答えが合っているか自信がない，自分の答えが授業と関係があるかわからないという思考に陥っているようです。しかし，イメージなので，どのような答えであってもよいのだという教室の雰囲気をつくることが大切です。

2 そのようなイメージが形成された理由は？と問う

生徒から社会的事象のイメージが出たら，イメージマップをつくるとよいでしょう。クラスによって，生徒がもっている知識は異なりますので，そのクラスの生徒たちだけのイメージが完成するからです。

そして，そのイメージ通りなのかを追究するのが学習の中心となります。例えば，「アフリカのイメージとは？」と聞くと，多くの生徒は「暑い，貧しい，黒人，動物」などのイメージを出します。それが本当なのかどうかを検証していきます。

すると，アフリカ州は，実に多様な州であることがわかり，生徒のイメージから思考が転換されるはずです。その後，「そのようなイメージができたのはなぜか？」を追究することにより，探求的思考力が高まるでしょう。

既存知識・概念の探求	モノカルチャー経済によって，貧しい生活から抜け出せない。植民地化による影響で，現在は民族紛争に発展している。
	【追究課題】アフリカが貧しいというイメージはなぜ形成されたのか？

↑

既存知識・概念の検証	温帯や冷帯の地域もある。	資源などにより，裕福な生活をしている人もいる。	多様な人種，宗教が混在している地域である。

↑

そのイメージは本当なのだろうか？

↑

既存知識・概念	暑い，貧しい，黒人，野生動物，自然（ジャングル，砂漠，サバンナ）など
	【学習課題】アフリカのイメージとは？

図　アフリカのイメージにおける探求的思考の高まり

ストラテジー 7
架空の場面をイメージさせる

　「もし〜だったら？」という問いは，1つの仮定に基づいて考えを深めさせるための学習課題です。そして，生徒に自由に発言させることができる問いとなります。一方，このような生徒の自由な思考や解釈によって展開される授業に対して，学問性・科学性を重んじる立場からの批判もありました。
　しかし，「もし？」と問うことには，以下のような意味があると考えます。

1 現実の社会的事象を相対化する

　例えば，「もし，銀行がない世の中だったら？」を考えることは，銀行が存在しない社会がどのようなものであるか架空の場面を考えると同時に，現実の銀行のある社会についても考えることになります。その意味で，現実の社会を相対的に見る視点が身に付くことになります（実践例はp.138）。

2 パフォーマンス課題を活用する

　歴史学習においては，「もし，○○時代の人物だったらどのようにするか？」という学習課題に転換することによって，歴史学の研究成果を生かしながらも，市民的資質の育成につなげる学習にすることができると考えます。
　次ページには，実践例として，「もし自分が開国期の大名だったら，開国か攘夷か，どのような立場をとるか？」を示しました。この授業では，評価方法として，パフォーマンス課題を用いています。これにより，生徒が主体的に学習に取り組みながら，歴史的事実を探求することができるでしょう。

パフォーマンス課題

　あなたは，1858年の大名です。現在，江戸幕府では，大老の井伊直弼を中心に，アメリカからの要求で，日米修好通商条約を結ぶかどうかが議論されています。今，あなたが意見を主張する番が回っています。以下の注意を読みながら，どのような主張をすればよいか考えなさい。

1858年の大名の主張のルーブリック（評価の段階）

5 （満足できる）	実現の可能性が大いにある具体的な主張であり，両国の状況，世界情勢を理解した主張になっている。 反対派の大名も納得できる内容になっている。
4 （概ね満足できる）	実現の可能性がある具体的な主張であり，両国の状況，世界情勢を理解した主張になっている。 反対派の大名も何とか納得できる内容になっている。
3 （合格）	実現の可能性は大きくはないが，両国の状況，世界情勢を理解した主張になっている。 反対派の大名の反対はあるが，自らの主張ができている。
2 （もう一歩）	実現の可能性が低く，両国の状況，世界情勢が理解できていない主張になっている。 反対派の大名の意見に押されてしまい，納得のできる主張にはなっていない。
1 （努力が必要）	両国の状況，世界情勢が理解できず。自分の主張がまったくできていない。
0	白紙・未完成

自分の主張がどの段階かチェックしながら作成しましょう。

〈参考文献〉
・梅野正信「歴史学習：対立する見解の学習」全国社会科教育学会編『社会科教育実践ハンドブック』（明治図書，2011年，pp.61～64）

ストラテジー 8
違いを比較させる

　「〜の違いに迫ろう」「どちらが〜？」という問いは，違いを比較させるための学習課題です。社会科では，分野を問わず，社会的事象を比較考察する学習が不可欠です。特徴を明らかにする学習の場合，その特徴からどのような法則があるかを示すなど，様々な学習に発展させることができます。

1 違いを明確に示す

　違いを示すためには，生徒が「なぜ違うのか？」「違うことによってどのような変化があるのか？」という疑問をもつように，明確に資料提示をする必要があります。

2 調べたことにより法則性が明らかになるようにする

　違いを明らかにした後は，法則性を明らかにする学習に発展させることができます。その事象だけに見られることなのか，すべての事象に言えることなのか，このような科学的な探求学習に発展させることにより，社会科学習をより深いものにすることができます。
　次ページの図は，暑さをテーマにした１時間の授業デザインです。熱帯の暑さ，乾燥帯の暑さの違いを比較し，暑さの違いにより，どのような違いが生じるかを探求する学習となっています。

| 法則性の探求 | 季節の変化がほとんどなく、湿気の多い熱帯では風通しをよくする必要がある。
1年中暑く、雨が少ない乾燥帯では、夜の寒さと昼の乾燥から守るために長袖を着る。乾燥に強い住居の工夫が見られる。 |

↑

同じ暑さでどのような違いが生じるか？

↑

| 違いの追究 | 熱帯（フィジー）
・住居は木や竹でつくられている。
・服は半袖が多い。 | 乾燥帯（北アフリカ）
・住居は土でつくられている。
・服は長袖が多い。 |

↑

【学習課題】暑さの違いに迫ろう
熱帯・乾燥帯をグループに分かれて調べる。

↑

| 違いの提示 | 湿気が高い、気温が高い、汗が出る、熱中症になる |

↑

暑さとは何か？　どのような状態を言うのか？

図　暑さの違いにおける探求的思考の高まり

第1章　探求的思考力を育てる学習課題のデザイン　45

ストラテジー 9
未来志向的に考えさせる

　「～するためには？」と問うことにより，未来志向型の学習課題となり，社会科の目標の1つである社会参画につながります。単元の最初に，学習課題に対する自分の考えを示させ，単元を通して事実認識や価値認識を積み上げ，最終的にどのような姿が望ましいかを考えさせる単元構成が考えられるでしょう。

1 どのようにしたいか？という選択肢をはっきりさせる

　未来志向型の学習で最も大切なことは，生徒にいくつかの選択肢の中からどのようにしたいかを選ばせることです。学習を進めていく中で，様々な方向性が見えてくるでしょうが，生徒の中には，教師が選択肢を示さないと結論が見えてこないということもあるからです。

2 社会参画につながる学習に発展させる

　「～するためには？」を考える際，生徒自身の個人的な感情や欲求で考えるのではなく，社会全体への影響を踏まえて考える視点をもたせることが重要です。次ページには，「浮世絵を残していくためには？」のワークシートを示しました。浮世絵をどのように保存するかは，生徒個人の思いになりやすいですが，自分の選択によって，社会に対してどのような影響があるかまで考えて話し合い，自分の結論を導くことで，社会参画につながる学習に発展します。

社会科ワークシート

月　　日（　）

（振り返り）
- 浮世絵（錦絵）は，19世紀の化政文化の時期に庶民文化として流行した。
- 当時は，安価な値段で売り買いされ，粗末なものとして扱われていた。
- 江戸末期から明治初期に，日本からヨーロッパ向けに浮世絵が多数流出。
- 海外で"美術品"として再評価され，現在美術館で展示されている。

学習課題　浮世絵を今後も残していくためには，どのように保存していくのがよいのだろうか？

(1)自分の考え
　　例①　江戸時代と同じように庶民文化として保存していく
　　例②　海外での評価を受けて，美術品として保存していく

(2)話し合いの記録

(3)学習を受けて自分の考えをまとめよう

ストラテジー 10
批判的に考えさせる

　「～だけか？」「～でよいのか？」と批判的に考えさせることは，社会科授業において，最も大切な学習課題の1つです。世の中で一般に言われていることを別の角度から見たり，別の考え方を提示したりすることは，社会的な見方や考え方を身に付けるうえでも重要です。

1　一般的な見方・考え方を押さえるようにする

　批判的な思考をする前に，世の中における一般的な見方・考え方を押さえなければなりません。それは，教科書に書かれている内容であったり，大人が教える内容であったりするでしょう。その認識をそのまま鵜呑みにするのではなく，一度考え直すことにより，新たな認識に高めることができます。

2　一般的な見方・考え方に対する批判的な問いかけをする

　一般的な見方・考え方を押さえたうえで「～だけか？」「～でよいのか？」という批判的な問いかけをします。次ページは，単元「選挙が違憲だと何が問題なのか？」の一部です。一票の格差についての一般的な認識は，一票のもつ価値が異なってしまうことであり，その問題は，憲法第14条「平等権」の侵害に当たると考えられています。しかし，選挙制度が違憲であった場合，問題は選挙にとどまらず，選ばれた国会議員，国会議員が指名する内閣総理大臣，内閣総理大臣が指名する最高裁判所長官にも問題が拡大することを認識させます。そして，よりよい制度について考える学習に発展させます。

| 結論 | 選挙権に問題があれば、三権（立法・行政・司法）に問題が拡大し、民主政治の根本がゆらいでしまうかもしれない。 |

批判的思考	行政に問題が生じれば、最高裁判所長官の指名にも問題が生じる。
	立法に問題が生じれば、指名する内閣に問題が生じる。
	国会議員が正しく選ばれなければ、立法に問題が生じる。
	【追究課題】一票の格差の問題は平等権だけの問題だろうか？

一般的な見方・考え方	憲法第14条「平等権」侵害に当たるのではないか。
	一票の格差の問題は何か？
	選挙区によって、選出する議員一人当たりの有権者数に違いがあることである。	地域によって、一票のもつ価値が異なるということである。
	【学習課題】一票の格差とは何か？

図　選挙制度の問題における探求的思考の高まり

ストラテジー 11
二者択一で決めさせる

　「どちらが？」と二者択一で問うことにより，判断や意思決定を伴う学習を行う際に有効に機能する学習課題となります。特に，論争問題を扱う際に「どちらがより望ましいのか？」を考えさせることにより，自分の判断の根拠や，自分が選択しなかった側からの反論を予想する学習に発展させることができます。

1 どちらも正解となるような事象を扱う

　二者択一で判断を求められる学習において陥りがちなのは，生徒がどちらを選ぶのが正解か？と悩んでしまうことです。どちらを選んでも正解であるが，最終的に判断する際に，根拠となるところの違いで結論に違いが出るということを押さえて学習させるようにしましょう。

2 意思決定に対する自己分析を作成させる

　授業では，次ページの図のように，論争問題に対する事実認識を踏まえたうえで，自らの考えを判断させます（判断A）。そして，判断の根拠を論述させます（表現A）。そして，判断や表現を深化させるために，「自らの考えに反対する人はどのような観点から批判するか？」と自己分析を行い，対立する視点からの考察を重視しています。
　生徒たちは，表現する過程で，自らの判断や主張に向けられる批判（判断B）を想定し，論述（表現B）します。

意思決定をするだけでは、自分の考えを伝えるだけになってしまいますが、その際に、自己分析に取り組ませることにより、生徒は自らの思考・判断を客観視、相対化し、より説得力のある表現を目指すことができます。

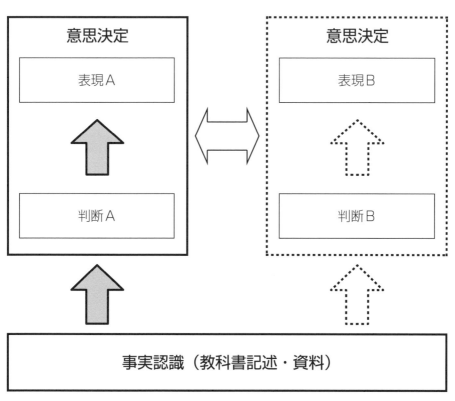

図　「どちらが？」と問うことによる探求的思考の構築過程

※授業の詳細は、第2章 p.112を参照。

〈参考文献〉
・拙稿「歴史教育における『思考力・判断力・表現力』の育成—中学校社会科歴史的分野　単元『欧米のアジア進出と日本の開国』の授業開発と実践を通して—」東京学芸大学社会科教育学会『学藝社会』第28号、2012年、pp.1～22

ストラテジー 12
自分の問題として考えさせる

　「〜をどのようにしたいか？」と問うことは，自分の問題として考えさせるために有効な学習課題です。これも，社会科の目標の１つである社会参画につながる学習課題となります。具体的な提案をしたり，現状で行われていることに対して代替案を出したりする学習が考えられます。

1　自分とどこが関係しているか明らかにする

　「どのようにしたいか？」と問われても，自分とは関係ない，と考えてしまえば，学習が無意味なものになってしまいます。生徒に考えさせるためには，「自分事として考える」「自分とどこが関係しているか？」を明らかにし，学習の動機付けをすることが大切です。

2　社会参画につながる学習に発展させる

　学習課題が自分と関連付けて考えられるようになったところで，「どのようにしたいか？」という学習が意味をもちます。具体案，代替案を出したり，新たな選択肢を考えたりすることを通して，社会参画につながるでしょう。
　次ページは，「日本の農業をどのようにしたいか？」という授業です。日本の農業の特色・課題から農業と自分たちの関係性を明らかにしたうえで，今後，「日本の農業をどのようにしたいか？」を探求する展開となっています。

【学習課題】日本の農業に何ができるか？

↓

日本の農業の特徴は何か？
　自作農が多い。稲作が多い。など

日本の農業の課題は何か？
　食糧自給率が低い。後継者が少ない。

課題を克服するためにどのような取り組みがあるか？
　食の安全を強化する。ブランド化する。農業PRを行う。

農業は，自分たちの食生活に関係するものである。
農業について考えることは，自分たちが将来どのようなものを食べるかにつながっていくであろう。

↓

【発展課題】日本の農業をどのようにしたいか？

品質や安全性を重視することにより，外国の農産物に対抗できるようにしたい（国内生産重視）。

農産物の生産を重視する国からの輸入に頼り，日本は競争力のある産業に力を入れたい（国際分業）。

（左側：自分との関係性の探求　／　社会参画）

図　日本の農業の課題における探求的思考の深まり

第1章　探求的思考力を育てる学習課題のデザイン

ストラテジー 13
根本的な疑問を考えさせる

「～はいつからか？」「～はだれが決めるのか？」などの問いは，根本的な疑問を考えさせるための学習課題です。生徒にとって，社会的事象は，"目の前にあるもの"として存在しており，その存在そのものを疑う視点をもつことはなかなかできません。そこで，生徒に根本的な疑問をもたせることができるように，課題提示の方法を工夫することが大切です。

1 基本的な知識から根本的な疑問につながるようにする

根本から考えさせるためには，社会的事象についての基本的な知識を押さえることが必要です。基本的な知識があるからこそ，根本的な問いを投げかけることにより，その事象をより深く探求することにつながります。

2 根本的な問い直しから，よりよいあり方を探求させる

根本を考えさせるだけでは，批判的な学習と変わらないものになってしまいます。まずは疑問を追究し，そこから問い直しを行うことが大切です。

次ページは，単元「生まれながらとはいつからか？　人権とは何か？」の探求過程です。人権が認められるのはいつか，という根本的な疑問から人権保障の現状を探求します。そして，様々な事象を通して，現在の日本国憲法で「十分に人権保障がなされているのか？」という根本的な問い直しにつなげます。そして，現在の憲法におけるよりよい人権保障のあり方を探求するという授業展開になっています。

根本的な問い直し	よりよい人権保障のあり方について考えよう
	公共の福祉と環境権　　知る権利とプライバシーの権利
	現在の日本国憲法で十分に人権保障がなされているのか？
疑問の追究	平等権　　自由権　　社会権
	人権保障の特徴について調べてみよう
根本的な疑問	胎児　　生まれた瞬間　　意識をもったとき
	【学習課題】人権が認められるのはいつからか？　だれが決めるのか？
基本的な知識	すべての人間が生まれながらにもっている社会的権利
	人権とは何か？

図　人権保障の現状における探求的思考の高まり

ストラテジー **14**

常識をゆさぶり，考えさせる

　「〜は正しいのか？」「〜はふさわしいのか？」という問いは，常識をゆさぶり，さらに考えさせるために有効な学習課題となります。社会科において，常識をゆさぶることは，社会を見る目を広げることにつながります。そして，新たな見方・考え方を獲得することで，改めて考えたり，新たな考え方を提示したりすることにつながるでしょう。

1 当たり前に言われていることを問い直す

　社会で当たり前のように言われていても，よく考えてみると，「その考え方が正しいのか？」と問い直せるものを教材として選択することが大切です。「社会で」と書きましたが，社会科の教科書の中にも当たり前のように使われている言葉があります。それを問い直す視点が必要です。

2 常識を再び評価し，判断をする

　常識を認識させ，ゆさぶる視点から見直すことができたら，再び，常識に戻り，今後，どのような認識にしていくかを考えさせる学習に発展させます。
　次ページは，単元「戦後という言い方はふさわしいのか？」の探求過程です。戦後という言葉の意味をとらえたうえでゆさぶり，戦後と呼ばれる時代の学習を経て，改めて，戦後という言い方について考えるという展開です。戦後という言い方については，実際の授業でも判断が分かれました。

| 常識による思考 | 戦後とは何か？
・第二次世界大戦，太平洋戦争が終わった後の時代
・日本において1945年～現在に至るまでの時代 |

| 常識のゆさぶり | 【単元の課題】戦後という言い方はふさわしいのか？ |

第二次世界大戦が終わった後の時代を指しているのだからふさわしい。

日本以外の国は戦争を行っているのだからふさわしくない。

戦後と呼ばれる時代についての学習

【まとめ】戦後という言い方はふさわしいのか？

常識に対する探求的思考

- 戦後という言葉は世界から見れば，通じない言葉だと思いました。世界では戦争が続いていた国や地域もあったので，戦後という言い方を考え直した方がよいと思いました。
- 戦後という言葉は，日本にとっては必要な言葉だと思いました。日本が，戦後という考え方をしているから，世界に平和を訴えることができる立場になれると思ったからです。

図 戦後と呼ばれる時代における探求的思考の深まり

ストラテジー 15
調べる活動を通して考えさせる

　「〜を探そう」「〜をインタビューしよう」という学習課題は，生徒が主体的・協働的に学習するという効果が期待できるだけでなく，学習を教室の外に広げることにつながります。教師にとっても，生徒にとっても，課題解決のために多くの時間が必要になることが考えられますので，綿密に授業計画をつくることが大切です。

1 調べる目的を明確にする

　調べる課題を出すことは簡単ですが，調べたことによって生徒は何がわかるのかを明確にする必要があります。単元の学習を進めていく中で，生徒自身の疑問やつまずきから調べる必要が生じ，生徒自身が調べたいと思うような展開が理想です。多くの場合は，教師からの課題提示になると考えられますが，生徒が主体性をもって取り組める課題にする工夫が大切です。

2 調査した相手と学習を共有させる

　調査課題のねらいの1つに，調査をしたことで，インタビューした相手と学習を共有し，さらに学習を深めることがあります。
　次ページには，近現代史の導入として，大人から歴史的な出来事をインタビューする課題を示していますが，インタビューの相手と課題を共有し，意図した以上の内容を聞き出せた生徒もいました。また，この課題で学んだことを生かし，近現代に対する考えを深めていた生徒もいました。

3年課題

大人にインタビュー

　中学校での歴史学習も間もなく終盤を迎えます。ゴールデンウィーク明けからは、「現代の日本と世界」を学習します。つまり、皆さんのお家の人や、先生方がリアルタイムで経験してきた時代の学習です。そこで、皆さんの身近な大人に<u>「生まれてから今までで、一番印象に残っているニュース、出来事は何か？」</u>をインタビューしてみてください。歴史の体験者から意外な話が聞けるかもしれません。

インタビューの相手

インタビュー内容

課題に取り組んだ感想

★提出日：　　月　　日（　）の授業時

3年___組___番　氏名_____

- 石井英真『今求められる学力と学びとは―コンピテンシー・ベースのカリキュラムの光と影―』(日本標準, 2015年)
- 大杉昭英「中学校社会科における「見方や考え方」の検討―地理的分野と公民的分野の比較を通して―」社会系教科教育学会『社会系教科教育学研究』第14号, 2002年, pp.87～94
- 唐木清志編『「公民的資質」とは何か―社会科の過去・現在・未来を探る―』(東洋館出版社, 2016年)
- 桐谷正信『アメリカにおける多文化的歴史カリキュラム』(東信堂, 2012年)
- 今野日出清『歴史学と歴史教育の構図』(東京大学出版会, 2008年)
- 坂井俊樹・浪川健治編, 森田武監修『歴史教育と歴史学の協働をめざして―ゆれる境界・国家・地域にどう向きあうか』(梨の木舎, 2009年)
- 髙木展郎編『「これからの時代に求められる資質・能力の育成」とは―アクティブな学びを通して―』(東洋館出版社, 2016年)
- 多文化社会米国理解教育研究会編『多文化社会アメリカを授業する―構築主義的授業づくりの試み―』(多文化社会米国理解教育研究会(代表:森茂岳雄), 2005年)
- 田村学『授業を磨く』(東洋館出版社, 2015年)
- 次山信男『この子らの「問い」と「追究」―小学校の生活・社会・総合の授業における諸相』(東洋館出版社, 2009年)
- 戸田善治「社会科における歴史認識の形式」日本社会科教育学会編『新時代を拓く社会科の挑戦』(第一学習社, 2006年, pp.132～140)
- 濱野清「今後期待される社会科授業の方向性〜学習指導要領改訂の動向と社会科ならではの言語活動と『アクティブ・ラーニング』〜」平成28年度第34回関東ブロック中学校社会科教育研究大会神奈川大会 講演資料, 2016年11月4日(金)
- 三宅なほみ, 東京大学CoREF, 河合塾編『協調学習とは―対話を通して理解を深めるアクティブラーニング型授業―』(北大路書房, 2016年)
- 吉田英文「通史学習で市民性育成は可能か―高等学校日本史A(日本近現代史)の通史学習を事例に―」日本社会科教育学会春季研究大会報告資料, 2015年5月24日(日)
- 渡部竜也編訳『世界初 市民性教育の国家規模カリキュラム―20世紀初期アメリカNEA社会科委員会報告書の事例から』(春風社, 2016年)

第2章

探求的思考力を育てる学習課題の具体例

(地理的分野・世界の様々な地域　世界の地域構成)

❶　国名・国境・国旗はだれが決めるのか？

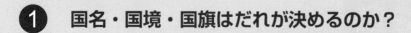

1　課題設計の意図

　地理的分野において，はじめて世界の国々を学習する単元です。世界には様々な国がありますが，国名・国境・国旗などからそれぞれの特徴をつかむ学習展開が考えられます。

　中学校に入学したばかりの生徒にとっては，国名・国境・国旗などは，はじめからそこに存在するものとして認識されていることが考えられます。しかし，このような生徒たちに対し，根本的な疑問から授業構成を行うことによって，より深く，世界の国々を調べることにつながると考えます。

2　授業の実際

●導入部において，課題提示をする場面

T　（ニュージーランドの国旗変更候補を提示）この国旗は何でしょう？
S　見たことがありません。
T　そうでしょう。これは，ニュージーランドの国旗変更候補のデザイン（シルバー・ファーン）です。2016年３月にこの案の旗に変更するか，1902年より制定されている現行の国旗をそのまま使用するか投票が行われたのです。その結果，皆さんも見たことがある，今までの国旗が継続して使用されることになりました。国旗だけではなく，国境や国名も変わることがあります。だれがどのように決めているのでしょうか？

| 根本的な問い直し | 日本の国名（国号）は，古代から使われていたが，現在は「日本国」という国名が使われている。また，現在，日本が主張している国境は，日本の立場から見て不法に占拠されている場所がある。国旗は，1999年に法令で定められた。 |

現在の日本は国名・国境・国旗は変わらないのか？

疑問の追究	国名	国境	国旗
	地名や人名などから付けられた国がある。また，政治体制をその国の正式名称に用いている国もある。	植民地時代の名残，戦争・紛争の結果，決まった国境もある。現在でも確定しないところもある。	宗教，歴史などが反映されている国がある。憲法で定めた国や，国民投票で決める国もある。

| 根本的な疑問 | 【学習課題】国名・国境・国旗はだれが決めるのか？ |

図　国名・国境・国旗における探求的思考の高まり

疑問の追究の場面では，次のような資料を主に使います。
・スコットランドのイギリスからの独立についての住民投票
・紛争，政治体制の変化などによるアフリカの国境・国名の変化
・植民地の歴史をもつカナダ，南アフリカ共和国の国旗の変化

(地理的分野・世界の様々な地域　世界各地の人々の生活と環境)

❷ 宗教とは何か？

ストラテジー5　具体的に定義させる

1　課題設計の意図

　地理的分野において，宗教は，地域的特色を明らかにするうえでとても重要な視点です。しかしながら，生徒自身は多くの場合，宗教に対して身近に感じていません。宗教団体によるテロや詐欺などの犯罪と結び付けて，宗教自体が危険な存在とまで感じている生徒もいるほどです。

　最近では，特定の生徒から宗教上の理由で学校での配慮を求められた際，ほとんどの生徒が理解を示すようになりましたが，宗教に対してすべてを理解しているとは言えません。それほど，日本社会において，宗教への理解は進んでいないと言えるでしょう。本時では，「宗教とは何か？」という学習課題を立て，定義を生徒自身に考えさせることをねらいとしました。

2　授業の実際

●課題提示の場面

T　「宗教」とは何でしょうか？　イメージを言葉で説明してみよう。
S　祈っているイメージ。みんなが同じ考え方を信じているイメージ。きまりが厳しい。宗教同士で対立している。
T　では，世界には，キリスト教，イスラム教など様々な宗教があります。それらの特徴を調べ，「宗教とは何か？」を明らかにしましょう。
S　（分担して調べる）

【学習課題】宗教とは何か？（何のためにあるのか？）

　宗教とは何か？（最初の考え）
　祈り，同じ考え方，きまり，宗教対立がある

　キリスト教，イスラム教，仏教の特徴は何か？
　・キリスト教　　日曜日の礼拝，聖書，クリスマスなど
　・イスラム教　　金曜日の礼拝，コーラン，断食など
　・仏教　　　　　托鉢，経など

　【発展課題】日本の中の宗教的な行事とは？
　・神社にお参りに行くのは神道と関係が深い。
　・お盆や彼岸の墓参りは，仏教との関係が深い。
　・農業や漁業などにおいても，宗教的な儀礼は見られる。

図　宗教の定義における探求的思考の深まり

　学習課題の結論は，次のようになります。
・宗教とは，教えや慣習があり，その地域の人々の生活に結び付いているものである。
・世界では無宗教という考え方が理解されないこともある。宗教を，国籍と同様にとらえている人々もいる。
・宗教の中にも様々な考え方や対立があるように，宗教とは，教えを守る人々の共同体である。

〈参考文献〉
・宮本英征「社会形成をめざす歴史授業における発問構成の研究―世界史単元『宗教を考える』を事例にして―」全国社会科教育学会『社会科研究』第72号，2010年，pp.51〜60

(地理的分野・世界の様々な地域　世界の諸地域　アジア州)

❸ 人口が多い国の違いに迫ろう

ストラテジー8　違いを比較させる

1　課題設計の意図

　世界の諸地域において，人口や人口密度は，その地域の特色を明らかにするための重要な視点となります。世界全体で見たときに，人口が多く，人口密度が高い地域はアジア州ですが，その理由を考えさせるだけでも，多くの知識を必要とします。気候帯，地形，農作物など，アジア州には人間が生きていくための条件がそろっていることがわかります。

　ところで，その中でも中国とインドは，人口が多いだけでなく，その増え方に大きな特徴があります。中国は，中国共産党の指導のもと，人口増加を抑えるために一人っ子政策を行ってきましたが，2015年10月29日に廃止が決定されました。一方，インドでは，今なお人口が増え続けています。これらの違いを探求することを通して，アジア州の特色の一面を探求させます。

2　授業の実際

●課題提示の場面

T　中国，インドのような人口が多い国は，なぜ経済発展するのだろうか？
S　ものをつくったときに売れる量が多くなり，労働力が多くなるからです。また，人口が多ければ，優秀な人材が生まれる可能性も高くなります。
T　では，2つの国の違いを人口ピラミッド，人口分布を使って説明しよう。

法則性の探求	人口が多いことから、外国企業の市場となり、外国企業が入ってきた。そこで、現地の労働者が雇われ、インフラ整備が進むことにより、経済成長をすることができた。
	↑
	人口の多い両国にはどのような特徴があるか？
	↑
違いの追究	中国 ・一人っ子政策により人口増加を抑えてきたが、2015年に廃止された。少子高齢社会への対応が迫られることが背景にある。 ・人口密度は都市部が高い。 　　　インド ・出生率が高く、将来、世界一の人口になると考えられている。 ・人口ピラミッドを見ると、死亡率が高いことがわかる。 ・人口密度はほぼ全域で高い。
	↑
	【学習課題】人口が多い国の違いに迫ろう 中国・インドをグループに分かれて調べる。

図　人口の違いにおける探求的思考の高まり

●課題解決の場面

T　中国とインドを調べてみて、人口の多い国にはどのような特徴があるかまとめよう。

S　中国は、中国共産党の指導により、人口を抑制したり出生率を上げたり人口政策をしてきました。インドは、現在も高い出生率です。両国の特徴から、人口の多い国は外国の市場となり、企業などが入ってくることで、経済成長していることがわかりました。

S　人口の多い国は、経済発展をしている一方、豊かな生活をしている人と貧しい生活をしている人の格差があるということがわかりました。また、宗教や民族などが多様であることも、格差が広がる一因だと考えました。

(地理的分野・世界の様々な地域　世界の諸地域　ヨーロッパ州)

❹　なぜヨーロッパは統合を進めてきたのか？

ストラテジー１　原因・理由を考えさせる

1　課題設計の意図

　中学生にとっては，国家というものは当たり前のものとして存在し，それぞれが主権をもっているということは，自明のものとして認識されていると思います。そのような中で，政治的・経済的な統合を進めてきたEUという存在は，生徒たちにとって「なぜ？」と思う事象ではないでしょうか。

　ヨーロッパが統合を必要とした原因・理由を探求することを単元の学習課題とします。そして，単元を通して，地理的な見方・考え方を身に付け，説明させることをねらいとします。単元全体の学習課題は，２～５時間目の学習によって解明されます。EUが課題を抱えながらも統合を進めた背景には，平和や資源の共同利用といった考え方があることが理解できるでしょう。そして，理由が解明されたからこそ，2016年にイギリスがEU離脱を表明したことが新たな学習課題として成立します。そこで，新たな疑問として，「なぜイギリスはEUからの離脱を表明したのか？」を探求し，統合した一方，離脱を表明する国家のあり方を通して，国家統合のあり方を考えさせます。

　次ページにはトゥールミン図式を示していますが，単元の学習（２～５時間目）で得られた認識そのものが，トゥールミン図式のDの部分となります。

　EUのあり方は，国家の理想のあり方のように思われてきました。そして，多くの授業において，EUは問題点を抱えながらも維持していくと考えられてきたでしょう。イギリスの事例を通して，EUそのものの存在意義を問い直す学習に発展させることができるでしょう。

```
┌─────────────────────────────────────────────────────┬──────────────────┐
│ D：単元（2〜5時間目）                                │ C：2016年6月     │
│ ┌──────────────┐    ┌──────────────┐                │ 23日，イギ      │
│ │D：ヨーロッパは争│──→│C：EU が結成され│──────────────→│ リスが国民      │
│ │ いが多い。    │    │ る。         │                │ 投票により，    │
│ └──────────────┘    └──────────────┘                │ EU 脱退を       │
│ 【単元の課題】なぜヨーロッパは統合を進めて           │ 表明する。      │
│ きたのか？                                           │                  │
│ W：石炭や鉄鉱石などの資源を共同で使用する            │                  │
│   ことで紛争を避けることができる。                   │                  │
│   アメリカなどの大国に対抗するためには，             │                  │
│   政治・経済的に結び付く必要がある。                 │                  │
├─────────────────────────────────────────────────────┴──────────────────┤
│ D：データ(Data)・事実                                                   │
│ C：結論（Claim）      【新たな疑問】（6時間目）                         │
│ W：理由付け（Warrant） なぜイギリスは EU からの離脱を表明したの         │
│                        か？                                             │
│                        W：経済的理由：EU 加盟国内の経済格差            │
│                            政治的理由：一部の人間による意思決定        │
│                            移民：社会保障費の負担の増加                │
└────────────────────────────────────────────────────────────────────────┘
```

図　トゥールミン図式を用いた EU に関する事実認識の構造

2　単元の構成

①ヨーロッパ州の自然と文化の特色

・地図帳でヨーロッパ各国の人口，面積，宗教と言語について調べる。ほとんどの国がそれぞれの国の言語をもっていることに気付かせる。

・1つの民族が1つの国をつくっていることが明らかになった後，国境を自

由に通過している人々の映像や写真を見ることにより，単元の課題「なぜヨーロッパは統合を進めてきたのか？」を設定する。

② ヨーロッパ統合の歴史
・地図帳でヨーロッパの資源の分布を調べる。資源が特定の国に偏っていたり，国境付近に分布していたりしていることをつかませ，資源が２度の世界大戦の背景にあることに気付かせる。
・EU 統合により，面積，人口などでアメリカなどの大国と対抗しようとしていることをつかませる。
・EU に加盟することにより，どのような取り組みがあるのかについて，グループごとに調べて発表させる。

③ EU の農業
・ヨーロッパ各国の名物料理から，各国の農産物の違いに着目させる。農業分布の資料と気候の資料を組み合わせて，地域により異なった農業が行われていることをつかませる。
・EU 加盟国内で共通農業政策がとられる理由を考えることにより，EU 内で自給できることを目指したことをとらえさせる。

④ EU の課題(1)
・ヨーロッパの外国人労働者の移動の資料から，北アフリカ諸国やトルコなどからの労働者が多くなったことからどのような問題が起こるかを考えさせる。
・EU 加盟国の拡大の資料と EU 各国の国民総所得の資料を比べ，近年 EU に加盟した国ほど，国民所得が低い傾向にあることをつかませる。

⑤ EU の課題(2)
・ロシアと EU との関係について，資源の分布図を基に考えさせる。
・EU の東欧拡大について，EU に加盟することによってどのような変化が予測されるか資料から読み取らせる。
・ギリシャの債務危機に対する EU の対応を通して，EU の抱えている課題について考えさせる。

⑥「なぜイギリスはEUからの離脱を表明したのか？」
・ヨーロッパが統合を進めてきた一方で，なぜ2016年にイギリスがEU離脱を表明したのか，その理由についてグループで考え，発表させる。

3　授業の実際（6時／6時）

●課題提示の場面
T　EU統合の理由について，単元を通して考えてきました。では，なぜイギリスはEU離脱を表明したのか，単元のどの部分を根拠にしたかも含めて考えてみましょう（4人グループによる話し合い）。

●発表の場面
S　私たちのグループは，EU加盟国内の経済格差が原因にあると考えました。所得が高い国が所得の低い国に補助金を出すことは，よいことだと思われますが，イギリス国内にも格差は存在するので，イギリスで所得が少ない人からは，EUのあり方に反対する人もいただろうと思います。

S　私たちのグループは，EUの政治体制に原因があると考えました。EUは，加盟国が多いため，意見調整に時間がかかることや，一部の人だけで決めているということが問題視されていることがわかりました。こうした状況への反発があったのではないでしょうか。

S　私たちのグループは，EU加盟国内に移民が増えたことに原因があると考えました。移民を増やすことは，グローバル社会にとっては必要なことかもしれませんが，彼らへの社会保障費の負担が多くなるという問題も抱えることになります。

S　私たちのグループは，EUの経済体制に原因があると考えました。EUは，2009年のギリシャ債務危機から始まったユーロ危機の際に，多額の援助をしました。しかし，イギリスはユーロに参加せず，ポンドを使い続けています。こうしたことを放置していたことも，離脱につながったと考えられます。

（地理的分野・世界の様々な地域　世界の諸地域　アフリカ州）

❺　アフリカをどのようにしたいか？

ストラテジー12　自分の問題として考えさせる

1　課題設計の意図

　アフリカ州の学習では，アフリカ諸国が抱える貧困や脆弱な経済基盤などを明らかにする展開が考えられます。しかし，生徒の多くは，アフリカ州という遠い地に対して，他人事のように考えがちです。このため，「アフリカに何ができるか？」という問いに対しても，募金をする，援助をするという視点からしか考えることができていません。

　しかし，汚職が横行するアフリカ諸国の政府に募金がわたった場合，募金が苦しんでいる人に直接届くとは限りません。また，援助もアフリカ諸国の自立を妨げる可能性があります。このような実情を資料から理解させたうえで，自分の問題としてアフリカの将来を考えさせることがねらいです。

2　授業の実際

●課題提示の場面

T　日本は，多くの支援をアフリカ諸国にしています。しかし，未だにアフリカの貧困が解決しないのはなぜだろう？

S　例えば，学校をつくるために援助をしても，教師がいないという問題があるのではないでしょうか。

T　なるほど。では，自分たちがアフリカに募金や援助をしても，豊かになっていかない理由を資料から調べてみよう。

【学習課題】アフリカに何ができるか？

自分ができることは何か？
　募金をする。援助をする。

なぜ，募金をしてもアフリカが豊かにならないのか？
　貧困国の汚職率の資料を見ると，政府が国民のために使っていないから。

なぜ，援助をしてもアフリカが豊かにならないのか？
　援助に頼るだけでは，アフリカの人々が自立しないから。

アフリカは，資源の輸入などにおいて，自分たちと関係がある。アフリカについて考えることは，自分たちが将来どのような生活になるかにつながっていくであろう。

自分との関係性の探求

【発展課題】アフリカをどのようにしたいか？

アフリカの国々の政府に対してではなく，貧困に苦しんでいる個人に対して，援助をする取り組みをしたい。

アフリカの人々が自立することができるように，現地の人々を指導して，自ら開発をさせられるようにしたい。

社会参画

図　アフリカの未来における探求的思考の深まり

(地理的分野・世界の様々な地域　世界の諸地域　オセアニア州)

❻ オセアニアとアジアの結び付きはどのように強くなったのか？

ストラテジー３　変化・過程を考えさせる

１　課題設計の意図

　オセアニア州とアジア州の結び付きが強くなった過程を考えさせる単元です。近年，サッカーＷ杯アジア予選にオセアニア州のオーストラリアが参入するなど，すでにオセアニア州とアジア州の結び付きは一般的に認識されつつあります。むしろ生徒は，ヨーロッパの国々との関係があったことに「なぜ？」と思うようです。そこで，このような疑問からスタートし，アジア州との結び付きが強くなった過程を考えさせる単元としました。

２　単元の構成

①オセアニア州の特色
・オーストラリアやニュージーランドの国旗に，イギリスの旗がついている理由を探求する。また，サモアの日付変更線の変更などの事例を通し，近年アジアとの結び付きが強まっていることを資料から読み取らせる。

②オーストラリアの産業
・羊毛から資源輸出に産業が変わる背景には，ヨーロッパよりも，資源開発が進むアジアの国々との貿易が多くなったことを資料からつかませる。

③多文化社会としてのオーストラリア
・オーストラリアは，白豪主義から多文化社会に転換し，アジアからの移民が増えていることを資料から読み取らせる。

④アジアとの結び付きが強まる中,観光客のふるまいがオセアニアの文化を変えてしまっていることについてどのように考えるかを討論させる。

【発展課題】多文化社会のオセアニアが抱えている課題は何か？

オセアニアは,羊毛や羊肉をヨーロッパ諸国に輸出していたが,近年は,資源などを求めるアメリカ合衆国,アジア諸国の方が,貿易額が増えている。	白人以外の移民を受け入れない白豪主義があったが,1970年代に廃止され,現在は多文化主義となった。その結果,アジアからの移民を積極的に受け入れている。

【学習課題】オセアニアとアジアの結び付きはどのように強くなったのか？

図　オセアニアとアジアの結び付きにおける探求的思考の高まり

3　授業の実際（3時／4時）

●まとめの場面

T　オセアニアとアジアの結び付きがどのように強くなったかをまとめよう。

S　イギリスが,第二次世界大戦後,EC諸国との結び付きを強めたため,オセアニアの国々は,貿易相手国を変化させる必要があったのではないかと考えました。

S　アジア州の急速な発展に伴って,資源を輸出する相手として,貿易相手国をアジアに変化させたのではないでしょうか。

〈参考文献〉
・木村真冬「シティズンシップ教育に地理・歴史教育はどのように関わることができるのか」日本社会科教育学会春季研究大会報告資料,2015年5月24日

（地理的分野・日本の様々な地域　日本の地域構成）

 もしも日本に時差があったら？

ストラテジー7　架空の場面をイメージさせる

1　課題設計の意図

　時差の学習は，計算を伴う内容でもあり，多くの生徒が苦手意識をもっている内容でもあります。しかし，この学習内容において，時差の計算だけで終わらせてしまうのではなく，時差は，経度からだけでは単純に求められないところに，生徒の関心を向けられるとよいでしょう。

　時差は経度との差で求めることは，基本的な知識・技能として身に付けさせたい内容です。しかし，イギリスとスペインは，ほぼ同じ経度でありながら時差が異なっていたり，ヨーロッパ各国に見られるサマータイムを導入する時期があったり，時差は政治的な要素が関係しているものでもあります。

　このような視点で時差をとらえることができると，より探求的な学習に発展できるでしょう。

2　授業の実際

●展開部において，課題提示をする場面
T　1つの国の中に，複数の時差がある国を探してみよう。
S　アメリカ合衆国，ロシア連邦，ブラジルなどです。
T　では，どのような特徴のある国かわかるかな？
S　東西に長い国です。
T　反対に東西に長い国なのに，1つの標準時しかない国もあるよ。

S　中国ですね。
T　中国は計算上，国内に4時間の時差をつくれるのだけれど，標準時は1つしかない。それによってどんな様子になるか想像できるかな？
S　私たちは，朝の8時に集合と言われれば，大体明るくなったころに集合と考えますが，8時がまだ真っ暗な地域もあるということですね。
T　そうだね。では，日本は東経122～154度の間にあるので，東西の経度の差はどれくらいかな？
S　32度です。
T　ということは…？
S　あっ！　時差をつくれば，2時間の時差をつくることができるんですね。
T　では，もしも日本に時差があったらどうなるかを考えて，必要か必要でないか話し合ってみよう（3～4人グループによる話し合い）。

●**発表の場面**
S　私たちのグループでは，日本に時差は必要がないと思いました。北海道と沖縄では，計算上，2時間の時差があることはわかりましたが，日本中の時計を直したり，テレビ画面に表示されている時刻をすべてどこの時刻か示したりしなければならないので，不便だと思ったからです。
S　私たちのグループも，日本に時差は必要がないと考えました。日本は，交通が発達していて，日本全国，飛行機を使えばほぼ2時間以内で行くことができるため，時差があると生活に支障が出ると考えたからです。
S　私たちのグループでは，日本に時差があってもよいと思いました。北海道が日没を迎えているのに，沖縄ではまだ明るいということがあります。それでも，時刻で区切って行動するのはもったいないので，地域に合った時刻をつくることも必要だと思ったからです。

(地理的分野・日本の様々な地域　世界と比べた日本の地域的特色)

❽ 世界から見て日本にはどのような気候の特色があるのか？

ストラテジー2　特徴・特色を考えさせる

1　課題設計の意図

　世界から見た日本の気候を大観する単元です。地理的分野の中でも，「事実認識が多く，探求的な学習にする方法がわからない」と言われる単元でもあります。地形，気候など自然環境の知識を並べるだけになってしまうと，生徒にとっても意欲的に学習できないものとなってしまいます。

　本時は，日本の気候の特色の大枠を導入でつかませた後，「どのような？」という学習課題で，世界から見た日本の気候の特色を様々な視点から調べるという展開です。そして，その特色が見られる理由を探求することで，世界から見た視点から考える学習にすることができるでしょう。

2　授業の実際

● 資料から，世界から見た日本の気候の特色を明らかにし，なぜこのような特徴があるのかを明らかにする場面

T　日本の気候は，地域によって気候が異なるという特色があることがわかりました。では，なぜそのような特色があるのかを，世界の国々と比べたり，これまで学習したことを活用したりして追究しましょう。

　日本の気候区分の図，世界の気候区分の図，雨温図を資料として調べ，自分の言葉で，日本の気候に特色がある理由を説明させました。協調学習でペア，3～4人組でまとめることも可能でしょう。

●発表の場面

S　日本の気候区分の図を見ると，区分の線と山脈がほぼ重なることがわかりました。地域によって気候が違う理由は，山脈に理由があります。冬に，北西から吹く季節風が中央の山脈とぶつかるときに，雨や雪を降らせます。一方，太平洋側では乾燥して晴れが多くなります。

S　北海道が冷帯，沖縄が亜熱帯という特色が見られる理由は，山脈があるからというだけでは，説明がつきません。日本列島が南北に長いため，赤道に近い沖縄は亜熱帯，遠い北海度は冷帯になると考えました。また，北海道は一般的に梅雨がないこともわかりました。沖縄は台風の通り道になりやすく，台風の被害を受けやすい地域であることもわかりました。

S　世界の国々を見ても，国内に複数の気候帯をもっている国は，国土が広い，山脈が多いという特色があります。また，一年中気候が変わらない地域は，平たんな地形であることや，気団の影響を受けない地域であることがわかりました。日本は，中央に山脈があり，気団の影響を受けやすい位置にあるから，特徴的な気候が見られると考えます。

【学習課題】世界から見て日本にはどのような気候の特色があるのか？

⇩

【特徴・特色】四季がある，梅雨がある，台風が来る。雪が降る地域，乾燥する地域など地域で異なっている。

⇩

【特徴・特色がある理由を考えさせる】このような特徴・特色があるのはなぜか？

　　　　　　　　　　　　　　　地形，気団，季節風などからまとめる

⇩

【まとめ】日本は，温暖湿潤気候に分類されている。季節風の影響を受けて，四季がはっきりしている。山脈を境として，地域によって気候の特色が異なっている。

図　日本の気候の特色の調査における探求的思考の深まり

（地理的分野・日本の様々な地域　世界と比べた日本の地域的特色）

❾ 農業の生産方法を工夫する目的は何か？

ストラテジー4　目的・意味を考えさせる

1　課題設計の意図

　日本の農業の特色は，栽培方法の工夫を調べたり，自給率が低いといった課題に気付かせたりすることが中心となりがちです。しかし，地理的分野の学習であっても経済概念を獲得させるために，出荷数との関係から市場価格が設定されていること，価格が高いときに出荷するために，時期をずらした農法があることに気付かせたいものです。

2　授業の実際

●課題提示の場面

T　みんなの中で，将来の職業として，農業を希望している人はほとんどいませんでした。実際，現在の日本では，農業人口が減少しているけれど，どうして農業をやる人が少なくなったのだろうか？

S　大変，休みがない，儲からないというイメージがあるからではないでしょうか。

S　今から農業を始めようと思っても，土地がない，資金がないなど自分でやるには敷居が高いからだと思います。

T　では，そのようなイメージのある農業ですが，農業には様々な工夫があるんだ。その目的を考えてみよう。

【学習課題】日本の農業にはどのような工夫があるのか？

促成栽培 → 暖かい気候を利用して，野菜の生長を早める。出荷時期を早める。

抑制栽培 → 冷涼な気候を利用して，野菜の生長を遅くする。出荷時期を遅らせる。

促成栽培や，抑制栽培の目的
他の地域が出荷していない時期に出荷することができれば，価格が上がり，儲けることができる。

近郊農業 → 大都市近郊で行い，新鮮さを保つ工夫をすることで早く出荷することができる。

【学習課題の結論】
日本の農業は，小規模な農家が多いという特色がある。そのため，売り上げを伸ばすために，出荷時期をずらす工夫を行っている。

図　日本の農業における探求的思考の深まり

(地理的分野・日本の様々な地域　世界と比べた日本の地域的特色)

⑩ 日本のエネルギー開発は今後，どのようなあり方が望ましいか？

ストラテジー9　未来志向的に考えさせる

1　課題設計の意図

　エネルギー開発の望ましいあり方を考えることは，未来志向の学習に発展します。エネルギーの問題は，産業だけの問題ではなく，国際情勢や政治，世論にも左右されます。例えば，中東情勢による原油価格の上下や，それに伴う資源の輸出入量の増減，原子力発電に反対する世論など，エネルギーだけの問題では解決しない問題でもあるからです。

　エネルギー・ベストミックスを考える授業においては，経済性，将来性，安全性など考える視点がたくさんあります。特に，効率・公正などの概念を獲得している3年における公民的分野の学習としては，非常に意味のある学習となります。しかし，このような学習の前段階として，地理的分野においても，エネルギー開発を取り上げる必要があります。地理的分野では，「産業」「立地」などを考える視点として，エネルギー開発の望ましいあり方を考えさせます。生徒の発表から，さらに議論を深めることができるでしょう。

2　授業の実際

●課題提示の場面

T　前時の学習では，「日本はなぜ原子力発電に依存してきたのか？」を調べました。原子力発電は，効率よく安定した電力が得られると考えられたためでした。しかし，安全問題がありました。また，各発電所の分布

や世界と比べた割合も調べました。今日は「日本のエネルギー開発は今後，どのようなあり方が望ましいのか？」について考えます。考える視点は，①産業から見たあり方，②立地から見たあり方です。
S （個人→4人グループ）

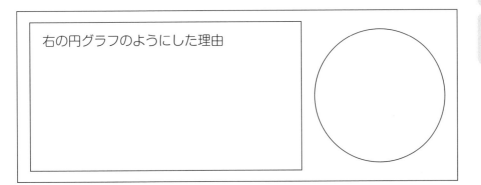

●発表・意見交換の場面

S 私たちのグループは，水力20％，火力60％，原子力10％，再生可能エネルギー10％としました。現状では，再生可能エネルギーは，多くても5％にも達していません。この状況で，割合を30％以上に増やすには，発電所の立地場所が不足してしまいます。そのため，原子力発電への依存もしていますが，再生可能エネルギーを増やしました。

S このグループの意見には，課題があると思います。日本は，世界でもエネルギー消費量が多い国ですが，自給率は低い国です。この意見を聞いて，原子力発電を稼働させる場所だけでなく，資源をどのように確保するかについても課題があると思いました。

〈参考文献〉
・岩田一彦編『社会科教材の論点・争点と授業づくり5 "エネルギー問題"をめぐる論点・争点と授業づくり』（明治図書，2005年）
・橋本康弘編『中学公民 生徒が夢中になる！アクティブ・ラーニング＆導入ネタ80』（明治図書，2016年，pp.10～18）

(地理的分野・日本の様々な地域　日本の諸地域)

⑪　開発と環境どちらを優先すべきか？

ストラテジー11　二者択一で決めさせる

1　課題設計の意図

　九州地方を，学習指導要領の日本の諸地域の(エ)環境問題や環境保全を中核とした考察の仕方から学習する単元です。単元全体を通して，環境保全の取り組みが，持続可能な社会の構築のために大切であることについて考えることがねらいです。

　環境保全の考え方は，開発を優先させてきた過去の反省から確立した価値であると言えます。このような価値認識を獲得するためには，開発側の視点からも考えることにより，認識を深めることができるでしょう。

2　授業の実際

●課題提示の場面

T　1960年の洞海湾の写真を見てごらん。

S　とても汚い海ですね。工場のばい煙も見えます。

T　そうだね。ところで，1960年代と言えば，どのような時代かわかるかな？

S　東京オリンピックがあったのが1964年ですから，高度経済成長のころです。

T　その通り。この時代は開発が行われ，大気汚染や水質汚濁などの環境問題が深刻になったんだ。洞海湾のある北九州市は1997年にはエコタウン

事業の承認を受けている。では，環境保全の考え方に至るまでを理解するために，開発を優先する立場の班，環境を優先する立場の班に分かれて考えてみよう。そして，自分と反対側のグループと意見交流をしてみよう。

○開発を優先するという主張を担当する班（環境優先のグループと意見交換）

主張（開発を優先すべき）	反対意見の予測
日本全国，高度経済成長のために，重化学工業に力を入れなければならない事情があった。このような状況においては，開発をすることによって，多くの犠牲者が出るリスクはあっても，工業化を止めることはできなかったのではないか。	開発は，日本が最優先するべきことであったかもしれないが，開発による犠牲者が出る以上は，開発と呼ぶことはできないのではないか。開発をするうえでは，大気汚染や水質汚濁を起こさない技術の開発にも力を入れるべきではないだろうか。

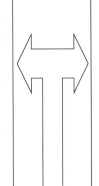

環境保全の考え方に至る理由
開発を行うことは，生活を豊かにするうえで重要である。しかし，開発は，人々の生活を苦しめるリスクを抱えている。このため，犠牲を最小限にとどめるという考え方から環境保全の考え方に至った。

図　開発と環境の二者択一における探求的思考の深まり

〈参考文献〉
・古家正暢「『犠牲』なき社会を構築することは可能か―『水俣病』を『しかたない』と捉える生徒に向き合って―」坂井俊樹編『社会の危機から再生へ―アクティブ・ラーニングを深める社会科教育―』東京学芸大学出版会，2016年，pp.146〜168

(地理的分野・日本の様々な地域　日本の諸地域)

「さかん」という言い方はふさわしいのか？

ストラテジー10　批判的に考えさせる

1　課題設計の意図

　地理的分野では、その地域の特色を示す表現として、「○○がさかん」という言葉がよく用いられます。さかん、とは一般的には、盛大に行われていること、繁盛していること、広く行われることを指します。この言葉からは、積極的に推進しているという印象を受けます。しかし、実際にはそれを行うことしかできない、という状況をさかんと表現している場合もあります。

　単元の課題は、「なぜ中部地方では、特色ある産業が発展したのか？」を設定し、本時は、中部地方の農業を通して、さかんという言葉を批判的にとらえることをねらいとしました。生徒たちには、実態を踏まえたうえで地域的特色を表現できるようにさせたいものです。

2　授業の実際

●展開部において、課題提示をする場面

T　中部地方の農業には、どのような特徴があるのかを調べ、発表しよう。
S　園芸農業、茶とみかんの栽培がさかんです。
T　では、どうしてそのような特徴があるのかな？
S　茶は牧之原台地や三方原台地で栽培されていますが、日当たりと水はけがよい土地です。みかんも日当たりのよい駿河湾沿いで栽培されています。

T それでは,「さかん」という言い方はふさわしいかな? 考えてみよう。

結論：「さかん」と呼ばれる土地は,その農業しかできない状態にあるが,開発や改良を加えて,有数の産地と呼ばれるようになった。

↑

批判的思考：
- 品種改良をすることによって,さらによいものを出荷している。
- そのような土地で栽培できるのは,茶や果実である。
- 水はけのよい土地は,畑にすることはできない土地である。
- 【追究課題】「さかん」という言い方はふさわしいのか?

図 「さかん」という言い方の批判的考察における探求的思考の高まり

●学習課題を踏まえて,結論を出す場面

T では,「さかん」という言葉を問い直すことを通して,中部地方の農業の特色を見てきました。そのことを踏まえて,中部地方の農業の特徴をまとめてみましょう。

S 中部地方は開拓をしても,農業をするには厳しい土地でした。水はけのよい土地で栽培できるのは,茶でした。さらに,茶の品種改良を繰り返し,国内有数の茶の産地になりました。

S 現在では,さかんに行われている茶の栽培ですが,地理的条件の中で,競争力のある製品を生産してきた結果であると言えます。

S みかんの生産もさかんと言われますが,みかん栽培を選択している状況であり,他の産地との競争や外国産オレンジとの価格競争もあります。

(地理的分野・日本の様々な地域　日本の諸地域)

⓭ 東北地方のイメージとは？

ストラテジー6　興味・関心を高める

1　課題設計の意図

　東北地方を学習指導要領の日本の諸地域の㈹生活・文化を中核とした考察の仕方から学習する単元です。地誌学習では，動態地誌による探求が求められていますが，単元を貫く「発問」の設定が大切です。この単元では，学習指導要領にある㈹生活・文化を中核とした考察を中心としながらも，東北地方のイメージとそのイメージの形成過程を探求することを通して，東北地方全体の特色をとらえることをねらいとしました。

2　単元の構成

①東北地方のイメージとは？

・生徒から東北地方のイメージを出させる。祭りなどの他，特に「米づくりがさかん」というイメージが出ることが予想されるが，やませや雪など米づくりには向かない気候であることをつかませ，なぜ米づくりが行われているのかについて探求させる。単元の課題「東北地方では，伝統的な生活・文化はどのように継承され，現代ではどのように変化しているのか？」を提示する。

②東北地方の米づくり「東北地方のイメージはなぜ形成されたのか？」

・本来，米づくりには向かない気候である東北地方は，品種改良を行い，冷害に強い米をつくり出してきた。それらがブランド化し，米づくりのイメ

ージをつくった。
③**東北地方の伝統・生活(1)**
・東北地方の祭りの時期は，農作業のサイクルと関係があることをつかませ，特に，豊作を祈る祭りや，収穫に感謝する祭りについて，調べさせる。
④**東北地方の伝統・生活(2)**
・東北地方の伝統産業は，農作業のできない時期の屋内産業として発展したことをつかませる。
⑤**東北地方の伝統・生活(3)**
・東北地方の伝統的な文化や生活が，現代ではどのように変化しているかを探求させる。

3　授業の実際（2時／5時）

●**東北地方のイメージを分析し，なぜ米づくりというイメージができたのかを探求する場面**

T　東北地方は，果実の生産が多く，漁業もさかんであることがわかりました。では，冷涼な気候である東北地方ですが，米づくりがさかんであるというイメージは，なぜ形成されたのでしょうか？　東北の米について調べてみましょう。

　生徒の調べ学習で，ブランド米がつくられた理由，出荷数などの資料からわかることをまとめさせる。

●**発表の場面**

S　東北地方は，平野が多く，山地から川が流れ込む平野があり，穀倉地帯になっています。しかし，気候から考えると，稲作には適していません。そこで冷害に強い米をつくったり，ブランド化したりすることによって，全国に米を出荷できるようになりました。これが東北地方のイメージが形成された理由だと思います。

(地理的分野・日本の様々な地域　日本の諸地域)

14　北海道＝食べ物はふさわしいのか？

ストラテジー14　常識をゆさぶり，考えさせる

1　課題設計の意図

　日本の諸地域における北海道地方の学習です。単元を貫く「発問」の設定が大切です。この単元では，学習指導要領にある㋐自然環境を中核とした考察を行いながらも，「北海道＝食べ物が多い」という一般的認識をゆさぶり，改めて地理的な特色をとらえ直すことをねらいとしました。常識をゆさぶることにより，北海道の生活の工夫を探求することをねらいとしました。

2　単元の構成

①北海道地方の気候「北海道地方の名産は？」
・生徒から北海道地方の名産について意見を出させる。多くは，食べ物が出ると考えられる。かに，さけなどの海産物の他，小麦やじゃがいも，あずきなどが考えられる。そこで，雨温図や火山地帯であることを提示し，北海道が食糧生産には厳しい環境であることをつかませ，「北海道＝食べ物」という認識にゆさぶりをかける。単元の課題「北海道は寒さの中でどのような生活の工夫をしているのか？」を提示する。

②北海道地方の食糧生産「北海道＝食べ物はふさわしいのか？」
・北海道地方では，厳しい自然環境の中，どのように食糧生産をしているかを調べ，北海道の認識を新たに考えさせる。

③北海道地方の自然と生活(1)「なぜ北海道の人口は急激に増えたのか？」

・「明治期から,最も人口が増えた都道府県はどこか?」という問いを考えさせ,北海道であることを知る。なぜ,人口が増えたのかについて考えさせ,明治時代の開拓があったことを知る。アイヌ民族の迫害の歴史などを資料から読み取り,北海道での生活が可能になった背景を理解させる。

④北海道地方の自然と生活(2)

・現在の北海道地方では,寒さや自然災害の中,どのような生活の工夫を行って生活しているのかをグループで調べ,発表させる。

⑤北海道地方の自然と生活(3)

・北海道地方では,スキーなどの観光業や,世界自然遺産などを生かした観光業で活性化を図っていることを資料から読み取らせる。

3　授業の実際（2時／5時）

●寒さの厳しい北海道の食糧生産の方法について調べ,発表する場面

T　北海道地方は,食料生産には厳しい環境であることがわかりました。では,どのように食糧生産しているかについて調べてみましょう。

S　輪作を行って,土地の栄養を落とさないようにしています。

S　客土を行って,米を生産できるようにしています。

●「北海道＝食べ物はふさわしいのか?」について発表する場面

S　私は,北海道の名産と言えば,じゃがいもなどだと思っていました。しかし,北海道は様々な工夫を行って食料を生産しているため,北海道＝食べ物とは言えないと考えました。現在,食料基地と言われていますが,北海道は農家一戸当たりの耕地面積が広くとれる場所であり,食料生産に利用されているという見方もできるのではないかと考えました。

S　私は,北海道の名産で海産物を考えましたが,これは豊かな漁場であるため,間違いではないと思いました。しかし,農作物については,外国製品との価格競争をしていることがわかりました。この点では,北海道は,決して食べ物の土地というわけではないと思いました。

(歴史的分野・古代までの日本)

⑮ ヘロドトスの言っていることは正しいのか？

ストラテジー14　常識をゆさぶり，考えさせる

1　課題設計の意図

　古代史の学習では，古代の特徴を調べると同時に，なぜ昔のことがわかるのか，という疑問をもたせ，歴史学の方法にふれていくことが大切であると考えます。昔のことは，発掘調査や記録などに基づいて明らかにしていますが，史料の解釈の方法を変えたり，新しい発見があったりすれば，それまでの歴史の常識が覆されることになります。

　本時は，四大文明のうち，エジプト文明，メソポタミア文明を扱います。生徒には，歴史学習の早い段階で史料読解や，史料批判を行うことによって，歴史に関心をもたせたいと考えています。

●エジプト文明における学習場面

T　ピラミッドをつくっている人ってどんな気持ちだったと思う？
S　苦しい。辛い。重い。
T　マイナスの考え方ばかりだね。では，プラスの考え方はなかったのかな？
S　王のためにがんばろう。より大きなものをつくろう。
T　どっちだったんだろうね。
S　（意見を言い合う）
T　ところで，史料を見てほしい。紀元前5世紀ごろのヘロドトスという人物の書いた『歴史』という歴史書です。この文書がこれまでのピラミッドの常識をつくってきました。

> 大ピラミッドは，10万人の奴隷が20年間働いてつくった，クフという残忍なファラオの墓である

T 一方，ピラミッドからは「王，バンザイ」という落書きや，家族と思われる遺体が見つかった。では，ピラミッドは，本当はどんなものだったのかな？
S ヘロドトスはその時代から見て2500年前のことを言っています。今から2000年前のことでもわからないのに，わかるとは言えません。
S ピラミッドは，公共事業で，農業ができないときの失業者対策だったと言われています。ただし，これも今の史料からでははっきりしません。

● **メソポタミア文明における学習場面**
T ハンムラビ法典を読んでみよう。何を言っていると思う？
S 目には目を，歯には歯をということを言っていると思います。
T そうだね。こういう考え方を復讐法と言っている。これは，今までの常識だったんだ。でも，今では違った解釈があるんだけど，何だろう？
S 銀を支払えば，ムシュケーヌム（半自由民）の目をつぶしたり，骨を折ったりしてもよい。
S なるほど。でも，そういう考え方をわざわざ書くでしょうか？
S 目には目を，と言いますが，私は目をやられたからといって，人が必ず目を攻撃するとは限らないと思います。もっとひどいことをすることも考えられます。おそらく，目をやられたら目までにしなさいという意味だと思います。
T そうだね。こういう考え方を，同害復讐と言うね。史・資料の解釈は常に変化していくんだよ。

〈引用・参考文献〉
・河原和之「石切場の落書き〜エジプト文明〜」河原和之『100万人が受けたい「中学歴史」ウソ・ホント？授業』（明治図書，2012年，pp.23〜24)
・ヘロドトス，松平千秋訳『歴史（上）』（岩波書店，1971年，pp.240〜241)

(歴史的分野・古代までの日本)

聖徳太子の改革の目的とは？

■ ■ ■ ■　ストラテジー4　目的・意味を考えさせる

1 課題設計の意図

　古代までの日本において，聖徳太子の改革の目的を通して，東アジア世界における日本の様子を探求する授業です。小学校までの学習で，聖徳太子という人物はもちろんのこと，彼の政策内容も理解している生徒は多くいます。中学校の学習では，東アジア世界から見た日本の位置付けを明確にし，聖徳太子の政策の意図を探求させることが大切です。特に天皇を中心とした政治制度をつくったこと，仏教を広めることにより仏教が新たに古代世界の中心になっていくことを理解させられるとよいでしょう。

2 授業の実際

●課題提示の場面

T　聖徳太子について知っていることは何かな？
S　1万円札の肖像だったことがある人。一度に十人の話を聞きわけた人。冠位十二階，十七条憲法，遣隋使。
T　では，聖徳太子は，なぜそのような改革を行ったのかな？
S　蘇我氏や物部氏の権力争いがあったから。
T　そうだね。では，このころの朝鮮半島や中国など東アジア世界の様子を見ながら学習していこう。そして，聖徳太子の政策について，グループで調べていこう。

【学習課題】聖徳太子の政策の目的とは？

冠位十二階
→ 家柄にとらわれない地位に関する制度である。
→ 才能や功績のある人物を役人に取り入れる制度である。
→ 冠位十二階の目的
地方の豪族の争いの中，実力者を役人にするため。

十七条憲法
→ 仏教や儒学の考え方が入っている。
→ 天皇の命令にしたがうことが役人の心構えであると書いてある。
→ 十七条憲法の目的
仏教や儒学の考え方に基づき，天皇の命令にしたがうことを役人に求めるため。

遣隋使
→ 遣隋使の目的
隋の進んだ制度や文化を取り入れるため。

【学習課題の結論】
朝鮮半島で百済や新羅が勢力を強め，日本を脅かすようになった。聖徳太子は，天皇中心の国家をつくり，国内を安定させるために，冠位十二階，十七条憲法などの制度をつくった。また，遣隋使を送り，東アジアでの立場を有利にしようとした。

図　聖徳太子の政策における探求的思考の深まり

（歴史的分野・古代までの日本）

17 奈良時代の人々は，どのようなくらしをしていたのか？

ストラテジー２　特徴・特色を考えさせる

1　課題設計の意図

　大宝律令に基づく，奈良時代の貴族と農民，奴婢と呼ばれた人々の生活の様子を理解する授業です。租庸調など制度の説明になりやすい授業ですが，本時では，協調学習による史・資料読解を通して，奈良時代の生活の特色を考えさせます。

　奈良時代の戸籍において，良民・賤民という区別があったこと，そして，このころの人が「奴婢になりたい」と詠んだ和歌を通して，奈良時代の人々の生活を探求するための学習課題を導きます。

　そして，Ａ男子を女性と偽っていた戸籍に関する資料，Ｂ律令国家の税に関する資料，Ｃ負担に苦しむ様子を描いた貧窮問答歌の３つの資料を通して，奈良時代の人々のくらしを明らかにします。

　また，本時では，ジグソー法を学習活動に取り入れることによって，３つの資料からわかることを合わせ，奈良時代の人々のくらしに関する知識を構成することをねらいとしました。

(1)ジグソー法の活用

　協調学習の手法としてジグソー法を用います。ジグソー法は例えば，３つの資料を用意して，Ａの資料を調べる班（３人），Ｂの資料を調べる班（３人），Ｃの資料を調べる班（３人）に分けます。それぞれ班でエキスパート活動を行い，資料について協働で理解させます。

エキスパート活動を経て，Aの資料を調べた生徒，Bの資料を調べた生徒，Cの資料を調べた生徒を集めたジグソー班に分かれるという方法をとります。

(2) ジグソー法による史・資料読解と解釈

ジグソー法は協調学習に用いられる手法の1つですが，生徒が知識を持ち寄ることによって，新たな知識の再構成が期待されます。本単元では，「『奴婢になりたい』と言った人がいたのはなぜか？」を探求するために，まず，奈良時代の生活の知識を，3つの資料から構成していきます。それぞれの資料がパーツとして機能し，3つを合わせたときに奈良時代の生活の様子が明らかになるように提示します。そこで構成された知識に基づき，奴婢になりたい理由を解釈し，新たな知識を再構成することをねらいとします。

(3) 本時における知識の構成と解釈

【本時の学習で構成される知識】　※太字は解釈

奈良時代の人々は，B たくさんの税が課せられ，その C 負担に苦しんでいるものもいた。その結果，A 戸籍を偽ったり，逃亡したりするものが現れた。**そのため，奴婢になりたいと考えるものもいたのであろう。**

A ある村の男女別人口構成	B 税の種類と内容	C 山上憶良「貧窮問答歌」
女性と偽った戸籍や逃亡者が多かったことをつかむ	農民に負担があったこと，特に男子に負担があったことをつかむ	問答歌から，税の取りたてに苦しむ農民の様子をつかむ

2 授業の実際

●課題提示の場面
T 奈良時代の貴族と一般の人々の食事の違いの写真を見て,どのようなことがわかるかな?
S 貴族はかなりよい暮らしをしているのに,一般の人はかなり貧しい食事をしている。
T この時代は,良民と奴婢などに分かれていたんですね。ところで,このころの人が,次のような歌を詠んでいるよ。

> つるばみの衣 人みな事なしと言ひし時より 着ほしく思ほゆ

T これは,奴婢になりたい,と言っているのだよ。では,なぜ奴婢になりたいと言っているのか。そのために奈良時代の人々は,どのような暮らしをしていたのかを探求しましょう。

●エキスパート活動の場面
A ある村の男女別人口構成
S この資料からは,戸籍では,女性の人口が多かったことがわかるね。
S あっ,でもこれは,女性と偽った人がいたと説明されているよ。なんで女性と偽るんだろう?

B 税の種類と内容
　特に男子に負担があったことをつかむ。
S この資料からは,農民には重い税負担があったことがわかるね。
S これをよく見ると,女子よりも男子の方が負担が大きいね。奴婢は売買の対象であったようだね。では,どれくらい苦しかったんだろう?

C 山上憶良「貧窮問答歌」
S この資料を読むと,税の負担に苦しんでいる農民の様子がわかるね。
S では,農民はどのように行動したのだろう?

●ジグソー活動の場面
T では,ジグソー班をつくって,本時の学習課題の答えをつくりましょう。
S Aの資料で,どうして女性と偽る人が多いのかと思ったけれど,Bの資料の話を聞いたら,男子の方が女子よりも負担が多かったんだね。
S Bの資料で,どれくらいの負担なのかと思ったけれど,Cの資料の話を聞いたら,かなり苦しい生活をしていたんだね。
S Cの資料で,農民はどのように行動したのかと思ったけれど,Aの資料の話を聞いたら,逃亡した人もいたんだね。
●クロストークの場面
「奈良時代の人々は,たくさんの税が課せられ,その負担は重かった。その結果,戸籍を偽ったり,逃亡したりするものが現れた。奴婢になりたいと考える人がいたのはこのためであろう」

　歴史学習において,協調学習の手法の1つであるジグソー法を用いると,教師があらかじめ用意しておいた答えに生徒を導く,いわゆる「予定調和」的な授業になりがちであるという課題があります。
　本実践では,この課題を克服すべく,史・資料読解を通して知識を構成させることにとどまらず,構成された知識に基づいて解釈をさせることで歴史像を明らかにするという探求的な学習ができるようにしました。さらに,複数の史・資料が知識のパーツとして機能するように提示を工夫しました。このような学習によって,生徒たちの歴史認識は開かれたものになるでしょう。
　学習のまとめでは,「なぜ墾田永年私財法が制定されたのか?」について,人々の生活を背景に,自分の考えを書くことができているかを評価しました。

〈引用・参考文献〉
・三宅なほみ,東京大学CoREF,河合塾編『協調学習とは—対話を通して理解を深めるアクティブラーニング型授業—』(北大路書房,2016年)
・安井俊夫「のしかかる租庸調」『歴史の授業108時間—導入・発問・プリント資料(上)—』(地歴社,1990年,pp.70〜71)

(歴史的分野・中世の日本)

⑱ 鎌倉時代はいつから始まるのか？

ストラテジー13　根本的な疑問を考えさせる

1　課題設計の意図

　中世は武家政権の時代とされています。その最初の時代は鎌倉時代ですが，鎌倉時代の始まりの考え方に変化が生じています。これまでは，1192年（いいくに）が一般的でしたが，近年は1185年という説が有力視されています。これらは，歴史解釈の問題ですが，資・史料の解釈を伴う学習を展開することによって，生徒の歴史認識は，より開かれたものになるでしょう。

　本時は，「鎌倉時代はいつから始まるのか？」という根本に迫る疑問を学習課題として設定し，鎌倉幕府の成立までを調べさせ，1185年とする説，1192年とする説について，それぞれの理由を考えさせます。そして，時代区分はだれが決めるのか，という根本的な疑問を考えさせることがねらいです。

2　授業の実際

●課題提示の場面

T　鎌倉時代の始まりはいつから？
S　1192年（いいくにつくろう）でしたが，最近変わったと聞きました。
T　1185年とする説があるね。
S　なんでいろいろな考え方があるのですか？
T　時代区分は，解釈によって決められている。では，鎌倉幕府の成立までの出来事を調べて，1185年，1192年，それぞれの説について考えよう。

そして，「いつから始まるのか？」について，自分の考えを話し合おう。

根本的な問い直し
> 時代区分は，主に歴史学者が決めるものであり，解釈によって変わるものである。鎌倉時代の始まりは，武家政権の始まりである。頼朝が征夷大将軍に任命されたことで始まったとされるが，守護・地頭の設置によってすでに始まったとも考えられる。

時代区分はだれが決めるの？

疑問の追究

1185年とする説は，守護・地頭の設置権限を手に入れたことにより武家政権が成立したことを重視した。

1192年とする説は，朝廷が征夷大将軍に任命して正式に武家政権を認められたことを重視した。

1185年
平氏は，1185年に壇ノ浦で源頼朝の命を受けた義経らに滅ぼされた。源頼朝は，その後，対立した義経をとらえる目的で，守護・地頭を置くことを朝廷に認めさせた。

1192年
源頼朝は，奥州藤原氏を滅ぼし，1192年に，朝廷から征夷大将軍に任命された。これにより，全国の武士をしたがえる地位に就いた。

根本的な疑問
【学習課題】鎌倉時代はいつから始まるのか？

図　「鎌倉時代はいつから始まるのか？」における探求的思考の高まり

(歴史的分野・近世の日本)

⑲ コロンブスの功績をインタビューしよう

ストラテジー15　調べる活動を通して考えさせる

1　課題設計の意図

　歴史教育において，歴史認識の問題は，必ず取り上げたい内容です。そこで，大人にインタビューをすることにより，現代を生きる生徒たちと，親の世代との間で歴史認識が異なっているかを調べる学習を行います。

　そこで，コロンブスを取り上げます。コロンブスの功績は，ヨーロッパ側とアメリカ側で評価が異なっているだけでなく，日本においては，過去，英雄史観が強い人物として認識されていることからも，生徒に探求させたい人物の一人です。

2　授業の実際

学習課題
　コロンブスをどのような人物と習ったか，大人にインタビューしてきましょう。

●各自調べた学習課題を発表する場面
S　僕は，親にインタビューしましたが，コロンブスは，アメリカ大陸を発見した人物と習ったと言っていました。

S 私は，祖父にインタビューしましたが，コロンブスは，ヨーロッパからインドを目指そうとして，アメリカ大陸に着いた人物と習ったと言っていました。しかも，コロンブスは，そのことを知らないまま死んだと習ったそうです。

S 私は，親にインタビューしましたが，コロンブスは，インドを目指しましたが，アメリカ大陸に着いて，そのことで新大陸を発見した人物と習ったと聞きました。ヨーロッパでは，コロンブスの卵という逸話は，だれでもできることでもはじめてやるのは難しいという意味ですが，「大陸発見はだれにでもできる」と評されたコロンブスが，卵を立てることを試みさせ，1人もできなかった後に卵の尻をつぶして立てて見せたということからだと聞いています。

●学習課題の探求場面

T みんなのインタビューを聞いていると，コロンブス自身の評価は，アメリカ大陸を発見した人物ということになるね。そして，発見したことを知っていたのか，知らなかったのかも分かれているね。では，今後，コロンブスをどのように教科書に載せたら，世界中の人が納得するか書いてみよう。

S ヨーロッパ人として，アメリカ大陸への航路を開拓した人物である。

S アメリカ大陸に進出し，現地の人々を迫害した人物である。

S アメリカ大陸へヨーロッパから西回りで到達し，ヨーロッパによるアメリカ大陸侵略のきっかけをつくった人物である。

　いわゆる大航海時代は，マゼランとラプラプ王など立場によって歴史認識が異なる人物をテーマに調べさせる学習も展開できるでしょう。

〈参考文献〉
・田尻信壹「大航海時代の接触と交流―多角的な見方・考え方を育てる授業作り―」田尻信壹『探究的世界史学習の創造―思考力・判断力・表現力を育む授業作り―』（梓出版社，2013年，pp.74〜94）

(歴史的分野・近世の日本)

⓴ 鎖国のイメージとは？

ストラテジー6　興味・関心を高める

1　課題設計の意図

　近世の日本の様子をとらえるうえで重要な概念が「鎖国」です。鎖国体制とは，禁教，貿易統制，外交独占の状態を指しています。しかしながら，鎖国のイメージは，国を閉ざしていて，他の国とは一切交易をしなかったという認識が根強いです。これは，江戸幕府が国を閉ざすという政策を行ったように思われていることが一因でしょう。そこで，鎖国についての解釈を考えるために，鎖国のイメージの形成過程を探求させることをねらいとしました。

2　授業の実際

●鎖国の認識形成過程を探求する場面

T　みんなのイメージでは，鎖国は国を閉ざしている，というものだったけれど，実際に調べてみたら，閉ざしているというわけではなかったね。どのような解釈がよいかグループで考えよう。

●発表の場面

S　私たちの班では，鎖国は幕府による国を守る手段だったと考えます。日本はキリスト教の国に支配されるという心配があったため，禁教をしました。また，中国とオランダに長崎の出島だけで貿易を許すなど貿易統制を行いました。このような状態をキリスト教国が見た場合，日本は外国に対して閉ざされた国だという認識をもつのではないかと考えました。

| 既存知識・概念の探求 | 禁教・貿易統制・外交独占の状態を海外から見ると，国を閉ざした状態に見えるのではないか。19世紀に志筑忠雄が17世紀に来日したドイツ人、ケンペルの本を『鎖国論』と名付けた。 |

【追究課題】
鎖国が国を閉ざしているというイメージはなぜ形成されたのか？

| 既存知識・概念の検証 | キリスト教の布教を禁止している（禁教）。 | 中国船とオランダ船だけが貿易を許される（貿易統制）。 | 長崎の出島だけで貿易を許される（外交独占）。 |

そのイメージは本当なのだろうか？

| 既存知識・概念 | 国を閉ざしている。鎖があるように出入りできない。 |

【学習課題】鎖国のイメージとは？

図　鎖国のイメージにおける探求的思考の高まり

〈参考文献〉
・土屋武志「歴史解釈の客観性―歴史教育における『鎖国』論を例に―」土屋武志『アジア共通歴史学習の可能性―解釈型歴史学習の史的研究―』（梓出版社，2013年，pp.118～139）

(歴史的分野・近世の日本)

㉑ 最も人口が増えたのは？

ストラテジー6　興味・関心を高める

1　課題設計の意図

　近年，人口減少社会に突入した影響もあるのでしょうが，日本の人口の推移から歴史を読み解く実践が増えてきています。日本の大まかな人口推移は，最新の調査でほぼ明らかになっています。人口増減は，世界的な気温が低下した氷河期状態の時期があったことや，反対に気温が上昇した時期があったことなど様々な原因が考えられています。このような中で人口から江戸時代の様子を考える実践を行うことで，興味・関心を広げたいと考えました。

2　授業の実際

●授業の導入の場面

T　現在の日本の人口は，どれくらい？
S　1億2千万人です。
T　では，江戸時代の始めはどれくらいだったと思う？
S　今よりは少なかったと思います。
T　江戸時代の始めごろは，1200万人と言われています。
S　今の人口の10分の1しかいなかったのですね。
T　そういうことだね。では，日本の人口推移のグラフを見てごらん。
S　あっ，江戸時代の始まりから100年間で人口は3倍に増えているのですね。
S　明治維新のころが3300万人ほどで，終戦時が7199万人，2010年は1億2

千万人なんですね。明治維新からの150年で4倍になったのもすごいですが，江戸時代の100年間で3倍になったのはすごいですね。

> 学習課題　なぜ江戸時代の100年間で最も人口が増えたのか？

T　では，なぜ，江戸時代に最も人口が増えたのか考えてみよう。
S　食糧が増えたから。
S　そのような政策があったから。
S　でも，当時は人口を増やそうという考えがあったとは考えられないから，政策ではないはずです。きっと，食糧が増えたからではないでしょうか。

> 補助課題　どのように食糧が増えたのだろうか？（資料から調べさせる）

●生徒の調べ学習のまとめの場面（次は，まとめの例）
　「江戸時代，土地の開墾がさかんに行われ，耕地面積が増えた。その結果，米の収穫量が増えた。また，効率よく作業するために農具の進歩も行われた」

●米の生産が増えたことで，貨幣経済の世の中になるしくみを探求する場面
T　米の収穫量が増えるということは，食糧が増えただけではないね。
S　当時は，年貢を米で納めていました。米が増えたということは，幕府や藩の収入は増えますが，米が余ってしまうことになります。
T　では，どのように対応したのかな？
S　売ることができたのでしょうか。
S　江戸時代には小判があったのだからできたはずだ。
S　だから，貨幣が流通したということですね。
S　貨幣経済は，食料が安定しているときに成り立つのですね。そういう時期は，人口が増える可能性があるのですね。
S　じゃあ，なんで今は減っていくのでしょう？　これは現在の疑問ですね。

〈引用・参考文献〉
・鬼頭宏『人口から読む日本の歴史』（講談社，2000年）

(歴史的分野・近世の日本)

22 田沼意次をどのように歴史に残していきたいか？

ストラテジー12　自分の問題として考えさせる

1　課題設計の意図

　江戸時代の学習は，三大改革や文化など，生徒にとっては習得すべき知識の多い時代です。また，年貢である米と貨幣の関係性の難しさが生徒に江戸時代の経済をわかりにくくさせる要因でもあります。米は，税としての年貢であると同時に食糧でもあり，換金する対象でもあったからです。

　そこで，「江戸幕府はどのように財政政策を行ったのか？」という単元の課題を追究する中で「田沼意次をどのように歴史に残していきたいか？」という学習課題を設定します。田沼の政策は，最終的な結果として，わいろの横行や松平定信らによる風評もあり「わいろ政治家」というレッテルが貼られています。一方，田沼を重商政策による「貨幣経済の専門家」という見方もあります。田沼を評価することは，現代にも示唆を与えるでしょう。

2　授業の実際

●題材提示の場面

T　（狂歌「白河の清きに魚のすみかねて　もとのにごりの田沼恋しき」について説明する）この狂歌はどういうことが言いたいのだろうか？
S　つまり，松平定信という人の政策が厳しく，田沼意次という人の政治の方がよかったということですね。
T　そういうことだね。では，それぞれどのような財政政策を行ったかを調

べてみよう。
S （教科書，資料集を用いて２人の政策を調べる）

● 課題提示の場面
T ２人の政策を比べると，どのような違いがあったかな？
S 田沼は，商工業を活発化させましたが，松平は，米を蓄えさせたり，質素倹約に努めさせたりしました。
T そうだね。田沼は，お金の回りをよくしようとする政治，松平は，お金を使わせないようにする政治という違いでもあるね。ところで，田沼意次は，わいろ政治家と言われる一方，貨幣経済を進めたということで再評価もされている。自分なら，田沼意次をどのように歴史に残していきたいか，田沼の歴史的評価を考えよう（わいろ政治家と呼ばれる資料，再評価の資料を配り，個人で考えさせる）。

　生徒の記述例は，次の通りです。
　「田沼意次は，貨幣経済の専門家として歴史に残すべきであると思います。人々がお金を持って生活するようになると，何かを生産してお金をもらい，また，何か別の商品を買うというサイクルができるからです。そうすると，新しい商品を開発する人も増え，経済が活性化します。また，商人からは税を取ることにより幕府の財政は回復したからです」
　「田沼意次は，失敗した政治家として歴史に残すべきであると思います。わいろ政治家であるという事実ははっきりしませんが，お金を使う世の中をつくったことにより，貧富の差が拡大するからです。また，財政が安定したと言っても，それは幕府だけのことであって，飢きんが起きたときには，苦しんだ藩もあったからです」

(歴史的分野・近代の日本と世界)

ナポレオンの評価の違いに迫ろう

■ ストラテジー8　違いを比較させる

1　課題設計の意図

　歴史学習において，違いを比較させる学習は，時代と時代の比較だけではありません。1人の人物や出来事などの解釈や評価の違いを比較し，それに基づいて討論することが生徒たちの深い学びになっていきます。

　本時では，ナポレオンを題材にしましたが，彼の評価がなぜ分かれるのかを探求することを通して，ナポレオンのフランス国内における功績や，ヨーロッパ世界にもたらした影響を理解させることができるでしょう。

2　授業の実際

●導入の場面

T　今からクラシックの曲を流すから，どんな印象だったか言ってね（チャイコフスキー作曲　祝典序曲《1812年》，ベートーヴェン作曲交響曲第3番《英雄》のCDを流す）。

S　最初の曲は，大砲の音も聞こえますが，喜びが伝わります。2つ目の曲は，壮大な感じがします。

T　なるほど。実は，まったく違う曲なんだけれど，ナポレオンのことを描いた作品なんだ。最初の曲は《1812年》と言って，ナポレオンの進撃をロシアが抑えたことに喜ぶ曲，2つ目の曲は《英雄》と言って，ナポレオンをイメージして描いたと言われる。では，どうしてナポレオンの歴

史的な評価が分かれるのか，その違いに迫ろう。

法則性の探求

英雄，侵略者，それぞれの立場から自分の意見を発表する。
【追究課題】なぜ，2つの評価が生まれるのか？
人物の歴史的な評価は，立場によって異なる。チンギス・ハン，マゼランなども同様であり，常に議論しなければならない。

↑

ナポレオンの評価はどちらがよいのか？

↑

違いの追究

英雄	侵略者
・革命時に，フランスを皇帝としてまとめ上げた。	・革命の思想をヨーロッパ各国に広めようとしていた。

↑

【学習課題】ナポレオンの評価の違いに迫ろう
英雄・侵略者と呼ばれる理由を調べる。

図　ナポレオンの評価の違いにおける探求的思考の高まり

●ナポレオンの評価に関するグループ討論の場面

S　私は，フランス国内で言われているように，ナポレオンは英雄だと思いました。彼は，フランス革命の混乱の中で，国を1つにまとめ上げ，外国から守ったからです。ナポレオン法典を始め，様々な法律や制度をつくったことも大きな功績だと考えたからです。

S　私は，ロシアなどの国々が言っているように，ナポレオンは侵略者だと思いました。彼は，エジプトを始め，地中海世界にも軍隊を送り込み，フランス革命の秩序を広めるために攻撃をしたからです。また，その結果，各国はナショナリズムを高め，抵抗するようになったからです。

(歴史的分野・近代の日本と世界)

❷❹ イギリスは清と戦争をするべきか？

ストラテジー11　二者択一で決めさせる

1　課題設計の意図

　歴史学習において，当時の人物の選択について二者択一で決めさせる学習です。本時では，アヘン戦争が起こる直前である，1840年時点のイギリス議員の立場を与え，「イギリスは清と戦争をするべきか？」という議題に対して，主張を行うという展開です。これは，実際のイギリス議会においても9票差で開戦となり，現在においても，議論の尽きない歴史事象です。生徒たちにとっても興味・関心をもって取り組むことができる内容となるでしょう。

2　単元の構成

①産業革命と欧米諸国
　「なぜイギリスは18世紀の世界の中心になったのか？」を設定し，イギリスで産業革命が起きた理由を探求する。また，産業革命によって資本主義の社会が生まれ，資本主義に対する社会主義の考え方が芽生えたことを探求する。
②ヨーロッパのアジア侵略
　「なぜイギリスはアジアに進出したのか？」を設定し，イギリスが市場を求めてアジアに進出した理由を探求する。そして，対中国貿易において赤字となっていたため，インドを含めて三角貿易を行っていたことを明らかにする。

③イギリスのアジア貿易

「イギリスはどのようにすれば，清国と貿易ができるのか？」を設定し，イギリスは対等の貿易が不可能であることをつかませたうえで，「イギリスは清と戦争をするべきか？」について考えさせる。

④ペリーの来航

「なぜペリーは日本にやって来たのか？」とペリーが日本に来た理由をペリーの航路から探求する。太平洋を通って，アジアと貿易するために日本を中継基地とするため，という理由を明らかにする。

⑤日本の開国と不平等条約

「開国と攘夷どちらを選ぶのか？」について考え，大名としての意思決定を行う。※第1章p.42参照

⑥江戸幕府の滅亡「なぜ開国が討幕につながるのか？」を設定し，開国から江戸幕府の滅亡の過程を探求させる。※p.31参照

3　授業の実際（3時／5時）

T　「イギリスは清と戦争をするべきか？」について，1840年のイギリス議員としての立場から主張を考えてみましょう（パフォーマンス課題の提示）。※評価の段階（ルーブリック）はp.43を参照。

あなたは，1840年のイギリス議会の議員です。現在，イギリスでは，清国のアヘンの取り締まりに対し，武力で解決するかどうかが議論されています。今，あなたが，議場で主張をするように頼まれています。以下の注意を読みながら，どのような主張をすればよいか考えてください。
①イギリス，清国両国の現状を踏まえた主張になっていること。
②あなたの意見に反対する議員も納得できる主張になっていること。
③武力で解決する，しないの主張をはっきりしたうえで，理由を述べること。

1840年のイギリス議会での主張

1 あなたの主張：イギリスは清国に対し，武力行使が　必要　不必要
　　　　　　　○を付ける
2 主張の理由

〈主張のポイント〉書き方の例
①イギリス・清国の状況を踏まえ，納得できるような主張をする。
②反対の立場の議員は，自分の主張の，どの部分に反論するかを考え，記述する。
〈参考〉：清国では，アヘンの輸入，吸引の悪習が広まり，多数の中毒者が出ている。イギリスは，アヘンの収益金が，国家の収益の6分の1を占め，イギリスの世界貿易体制に不可欠なものとなっていた。

3 あなたに反対する議員は，どのように反論すると考えられるか？

4 主張，予想される反論を踏まえて，改めてどのような主張をすればよいか？

　　組　　　　番　　氏名　　　　　　　　自己評価〔　　　〕

関・意・態	思・判・表

生徒の記述例は，次の通りです。

主張（武力行使は不必要）	反対意見の予測
武力を使ってしまえば，結局清国とイギリスの関係はますます悪くなってしまうし，さらにイギリスにも死者，けが人が出てしまうなど，損害が出てしまう。だから，武力は使わない方がよい。そのために話し合いの場をつくり，イギリスは清国に何を輸出すればよいのかを考え，アヘンに代わる収入源をつくればよい。清国は何を輸出してほしいかを知る必要がある。	武力を使わず，話し合いをするなら，具体的に何を清国へ輸出すればよいのか。清国は，どうしたら貿易を広州以外でも行ってくれるのか。話し合いでまとまらなかったらいったいどうすればよいのか。

　自分の主張（意思決定）だけでなく，その主張に対する反対意見（自己分析）を書くことにより，自分の論述により説得力が増します。このような過程を経て，話し合い活動を入れることにより，より充実した学習となります。

〈参考文献〉
・小原友行「意思決定力を育成する歴史授業構成―『人物学習』改善の視点を中心に―」広島史学研究会『史學研究』177号，1987年，pp.45〜67
・拙稿「歴史教育における『思考力・判断力・表現力』の育成―中学校社会科歴史的分野　単元『欧米のアジア進出と日本の開国』の授業開発と実践を通して―」東京学芸大学社会科教育学会『学藝社会』第28号，2012年，pp.1〜22

（歴史的分野・近代の日本と世界）

 **版籍奉還は本当に
効果のない政策だったのか？**

ストラテジー10　批判的に考えさせる

1　課題設計の意図

　新政府の成立により，様々な改革が進められました。中学生にとっては，この改革を理解するだけでも大変です。

　本時の授業では，明治維新の改革の内容を調べさせ，明治政府が天皇を中心とする中央集権国家をつくったことを理解させます。その際，本時では，版籍奉還を重点的に扱うことにしました。

　版籍奉還は，「失敗した，効果がなかった」と一般的には言われていますが，戊辰戦争の最中，江戸幕府の幕藩体制を崩す政策として意義があります。また，本時の学習では理解に及びませんが，現在の地方分権の考え方を理解するのにも重要な政策と考えます。

2　授業の実際

●明治政府の改革の内容を調べ，課題提示をする場面

T　今日の学習では，明治政府の様々な改革を調べてきました。ところで，まとめる前に1つ考えてほしいことがあります。版籍奉還は，効果のない政策であるとまとめてくれた人が多かったけれど，本当にそうなのか考えてみよう。版籍奉還がいつ，どのように出され，どのような結果になったかを踏まえて，版籍奉還の意図を改めて評価してみましょう。

S　（版籍奉還に関する資料から調べる）

```
┌──┐  ┌─────────────────────────────────────────────┐
│結│  │新政府が旧藩を直接支配できず，藩の税が新政府に入らないと│
│論│  │いう課題があるが，戊辰戦争時に，藩が領地・領民を天皇に渡│
│  │  │したという点で，幕藩体制を崩す効果のある政策であった。│
└──┘  └─────────────────────────────────────────────┘
                          ↑
┌──┬─────────────────────────────────────────────┐
│  │  内容　藩主が領地と領民を天皇に返還する。         │
│批│  ├─────────────────────────────────────────────┤
│判│  │  いつ？　1869年　→　戊辰戦争中の出来事            │
│的│  ├─────────────────────────────────────────────┤
│思│  │  どのように？　諸藩が天皇に願い出る形式            │
│考│  ├─────────────────────────────────────────────┤
│  │  │【追究課題】                                     │
│  │  │版籍奉還は本当に効果のない政策だったのか？        │
└──┴─────────────────────────────────────────────┘
```

図　版籍奉還における探求的思考の高まり

●明治政府の改革の意図をまとめる場面

S 明治政府は，五箇条の御誓文により，政府の方針を国民に示しました。また，戊辰戦争中に，諸藩が領地と領民を天皇に返還することを願い出る形式で，版籍奉還を行い，江戸幕府の体制を壊しました。しかし，版籍奉還は，藩の税が新政府に入らないという課題がありましたが，廃藩置県により，全国の税が新政府に入るしくみをつくりました。ただし，一部の藩の出身者が実権を握る藩閥政治という課題も残しました。

　現代社会において，地方分権が叫ばれながら実現しないのは，1871年の廃藩置県による強い中央集権化の結果であるという政治評論家もいます。この視点で1869年の版籍奉還を見直すこともできるでしょう。

（歴史的分野・近代の日本と世界）

なぜ日本はイギリスと日英同盟を結んだのか？

ストラテジー1　原因・理由を考えさせる

1　課題設計の意図

　日本は日清戦争に勝利しましたが，欧米列強との間で結ばれた不平等条約の改正は実現していませんでした。こうした状況の中で，1902年に日本がイギリスと同盟を結ぶということは，生徒にとって「なぜ？」と思う出来事になるはずです。この問いを探求することを通して，近代の国際関係を解明し，日露戦争の背景や原因を理解させたいと考えました。

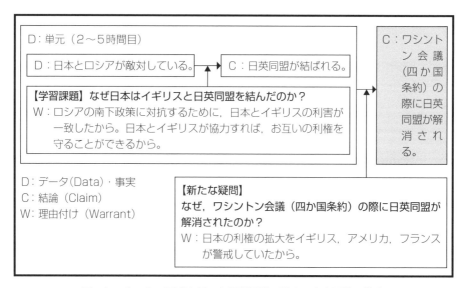

図　トゥールミン図式を用いた日英同盟に関する事実認識の構造

また，日露戦争により，第一次世界大戦前後の国際関係にも変化を与えたことに気付かせるために，課題を設定しました。

2　授業の実際（2時／5時）

●前時に学習した日清戦争の様子から，日本とイギリスが同盟を結んだ理由を考えさせる場面

T　日清戦争後，日本はどのような状況にあったかな？
S　清から賠償金を得ました。また，領土を得ることができました。しかし，三国干渉によって遼東半島を清に返還しなければならなくなりました。
T　どうしてロシアは遼東半島が必要だったのだろうか？　ロシアの気候や遼東半島の地理的な位置などから，考えてみよう。
S　遼東半島はアジアに近いので，アジア進出の拠点にできます。
S　ロシアは寒いので，不凍港の確保が必要であったと考えられます。
T　ロシアの南下政策だね。では，ロシアが南下した場合に，どのような国に影響が出るかな？
S　中国や朝鮮，トルコやインドなど，ロシアの南にある国です。
T　では，これらと日本，イギリスとの関係を調べて，日英同盟ができた理由をグループでまとめて発表しよう。

●発表の場面

S　ロシアの南下政策に対抗するために，日本とイギリスの利害が一致し，同盟を結んだと考えられます。そのことによって，日本とイギリスの利権を守ろうとしていました。

　本時を終えての新たな疑問として，第一次世界大戦の学習の際に，「なぜ，ワシントン会議（四か国条約）の際に日英同盟が解消されたのか？」につなげられるとよいでしょう。日本の利権の拡大をイギリス，アメリカ，フランスが警戒していたことを，資料から読み取らせましょう。

(歴史的分野・近代の日本と世界)

  日中戦争中の日本は，どのようにして
アジア・太平洋戦争に向かったのか？

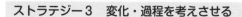ストラテジー3　変化・過程を考えさせる

1　課題設計の意図

　日本において，"戦争"や"戦時中"という言葉を使うときは，一般的には太平洋戦争，または広い意味で第二次世界大戦を指しています。「なぜ日本は戦争に向かったのか？」という疑問は，戦争を学習すれば，必ずもつ疑問でしょう。そこで，日中戦争の最中の日本が，どのように戦争に向かったのか考えさせる授業設計を行いました。生徒に二度と戦争が起きない社会について考えさせるためにも，戦争が起きる過程と，それを防げなかった社会構造を探求させ，現代社会への示唆を得る授業にしたいと考えます。

2　授業の実際

●課題提示の場面

T　（真珠湾攻撃の写真を提示）この出来事は何だろう？
S　1941年12月8日の真珠湾攻撃ですね。
T　これにより太平洋戦争が始まったね。日本はこのとき，どんな状況だった？
S　1937年から始まった日中戦争の最中でした。
T　そうだね。では，どうしてアメリカとの戦争になったのだろうか？　この資料を見てごらん（日本の資源輸入先の資料を提示）。
S　あっ，石油，鉄類ともにアメリカが約7割を占めていたのですね。

T　そういうことなんだね。では，日本がアメリカと戦争をするまでの過程や，なぜ戦争を防ぐことができなかったのかについて探求しよう。

価値認識（ランキング手法など）

【発展課題】日本が戦争を起こす過程で，最も影響があったと思うものをランキングしよう

政治体制	国民の生活	国際関係
陸軍大臣東条英機が首相であり，軍部が戦争の準備を進めた。二・二六事件以降，軍部が政治的発言を強めた。	国民は，国家総動員法によって，戦争には反対できなくなった。議会も大政翼賛会によって，参戦に反対できなかった。	満州国の承認の反対を機に，国際連盟から撤退し，ドイツ・イタリアとともに国際的に孤立した。

日本は，アメリカとの戦争を防ぐことができなかった理由は何か？

事実認識（調べ学習など）

日中戦争の長期化	日米交渉	国際関係
打開策として，フランス領インドシナに侵攻し，米英の補給路を断ちきり，資源の獲得をねらった。	日本のインドシナ南部の進行に対し，アメリカは日本への石油・鉄などの輸出を禁止し，日米間の緊張が高まる。	ドイツ・イタリアと日独伊三国同盟を結んだ。日ソ中立条約を結んだ。

【学習課題】日本はどのようにしてアジア・太平洋戦争に向かったのか？

図　日本のアジア・太平洋戦争の開始における探求的思考の高まり

（歴史的分野・現代の日本と世界）

20世紀はどんな世紀？
21世紀はどんな世紀にしたいか？

ストラテジー9　未来志向的に考えさせる

1　課題設計の意図

　現在，日本中の中学生全員が21世紀生まれになりました。教員の多くが生きてきた20世紀も，中学生からは昔のこと，と思われています。

　歴史をとらえる際に，「〇〇時代」という大きなとらえ方がありますが，100年，世紀単位での大きなとらえ方も歴史の見方として重要であると考えます。そこで，「20世紀はどんな世紀？」を考えていくことを通して，21世紀をどんな世紀にしたいかについて考えていきます。

2　授業の実際

●課題提示の場面

T　近現代の学習をしてきましたが，20世紀はどのような時代だったと思いますか？　年表で調べてみましょう。

S　1901年が八幡製鉄所の生産開始で，与謝野晶子の『みだれ髪』も出版されていますね。

S　1945年が終戦で，1950年は朝鮮戦争でした。2000年は九州・沖縄サミットがあり，朝鮮半島の南北首脳会談があったようですね。

T　皆さんの両親や祖父母に聞けば，それぞれの20世紀像があると思うけれど，21世紀生まれのみんなが歴史を学んで考えた「20世紀は，〇〇の世紀」とまとめてみましょう。

生徒の主な意見は，次の通りです。

「20世紀は，戦争の世紀です。まず，二度の世界大戦があったこと，そして，世紀末まで冷戦があったことが大きな理由です。そして，平和な世の中にしていくための世紀であったとも言えます」

「20世紀は，技術革新の世紀です。テレビも電話もインターネットない時代から，一人ひとりが携帯電話を持つまでの時代になったからです。そして，技術によって犯罪やトラブルを生み出した時代でもあったと思います」

「20世紀は，世界の一体化の世紀だと思います。20世紀の初頭は，欧米列強が世界を分割していた時代でしたが，世界大戦を経て，国際連合ができただけでなく，家に居ながら世界の情報を得たり，更新したりできるようになった世紀だと思います」

●未来志向の課題を提示する場面

T　皆さんは，100歳以上生きれば，22世紀も見ることも可能です。では，21世紀をどんな世紀にしたいと考えますか？

21世紀は，	世紀
理由	

生徒の解答例は，次の通りです。

「21世紀は，環境の世紀。20世紀に地球温暖化などの問題があったが，21世紀は対策を強化し，危機を食い止めることができる世紀にしたいから」

「21世紀は，核兵器廃絶の世紀。20世紀は，核兵器の脅威の世紀であったと言えるが，21世紀は，世界から核兵器を廃絶し，真の平和な世紀にしたいから」

(公民的分野・私たちと現代社会　私たちが生きる現代社会と文化)

 29　グローバル化はいつごろ始まったのか？

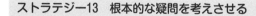

ストラテジー13　根本的な疑問を考えさせる

1　課題設計の意図

　グローバル化は，現代日本の特色をとらえさせるための重要な概念です。また，政治，経済，国際関係に影響を与えていることに気付かせることが，学習指導要領における内容とされています。また，現代社会の学習は，地理的分野と歴史的分野の学習の成果の活用・発展，さらには分野全体の見通しをもつことがねらいとされています。

　本時では，公民的分野のはじめの単元において，「グローバル化」がいつごろ始まったのかを問うことにより，これまでの学習の振り返りを行うことをねらいとしています。そして，今後の世界のつながりを考えさせる学習に発展させられることを意図しています。

2　授業の実際

●課題提示の場面

T　グローバル化とは，世界の一体化を指しています。一般的には冷戦終結後に進んだとされていますが，世界の一体化はいつごろ始まったと言えるのか，地理，歴史での学習の成果を振り返って考えてみましょう。
S　日本が世界の人々と出会ったころを考えればよいのではないかな。
S　渡来人が来たころは，まだ世界とつながっているとは言えないね。
S　元寇のころは，まだユーラシア大陸がつながったという段階でアフリカ

大陸やアメリカ大陸は，歴史の中には出てこないね。
S 鉄砲が伝わったころはどうだろう。信長の家臣にアフリカ系の人がいたようだし，アメリカ大陸のことも認識されているしね。

根本的な問い直し

グローバル化は，交通・通信技術の発達によって，人・もの・金の移動が容易にできるようになったことを指している。そして，貿易などで国際競争と国際分業が加速している。
今後は，世界で活躍する日本人や，日本における外国人労働者も増え，国家の枠組みを超えたつながりになることが考えられる。

↑

今後はどのように世界がつながっていくのか？

↑ ↑ ↑

疑問の追究

鉄砲が伝わったころ	ペリー来航のころ	冷戦後
主に，スペインやポルトガルのアジア進出があったが，その結果，航路の開拓があり，世界がつながるようになった。	欧米列強がアジア・アフリカに進出したが，その結果，世界がつながるようになった。	冷戦期に軍事用に開発されたインターネットにより，一般の人々もつながるようになった。

↑ ↑ ↑

根本的な疑問

【学習課題】グローバル化はいつごろ始まったのか？

図　「グローバル化はいつごろ始まったのか？」における探求的思考の高まり

(公民的分野・私たちと現代社会　私たちが生きる現代社会と文化)

㉚ 少子高齢化対策は民主主義にふさわしいのか？

ストラテジー14　常識をゆさぶり，考えさせる

1　課題設計の意図

　少子高齢化は，現在では，少子高齢化の延長上にある人口減少に問題点を見いだしています。高齢者の社会保障の問題，子育て支援，そして，それを実現する政治など，公民的分野全体にわたって考えることのできる題材です。少子高齢化対策は，国が取り組むべき絶対的な課題のように思われています。そこで，「個人の自由に対する社会の介入ではないか？」という視点を示すことで，常識にゆさぶりをかけます。個人の自由を保障する国家や社会のあり方とは何かを問い直すことがねらいです。

　本単元は前著でも取り上げましたが，1時間単位の学習展開や生徒の探求過程，そして，評価方法をより詳しく提示することにしました。

2　単元の構成

① 「少子高齢化対策は民主主義にふさわしいのか？」
　日本の人口推移から，人口が減少していること，原因が少子高齢化にあることに気付かせる。そこで，少子高齢化対策が社会に対する個人の要求であると同時に，個人の自由に対する社会の介入であるという視点を与える。
② 「少子高齢化社会の原因と影響とは？」―個人の調査―
③ 「人口減少社会に向けて」―グループ討論―
④ 「少子高齢化は民主主義社会の課題か？」全体発表・まとめ

グループの話し合い結果を発表し，学習課題に対する自分の考えを論述させる。

常識による思考	少子高齢化はどのような問題と要因があるのか？ 【問題】社会保障の負担が大きくなる。労働量が減る。 【要因】働く女性が増加したため。社会的不安要因があるため。 　　　　結婚や子どもをもつことに関する考え方の多様化。

常識のゆさぶり	【単元の課題】少子高齢化は民主主義社会の課題か？

	社会の問題とする立場	個人の問題とする立場
	・少子化を対策しなければ，労働力が減る，将来の人口が減るなどの問題が生じる。 ・高齢化が進めば，介護・年金・医療・介護などの社会福祉の負担が大きくなる。 ・現状では，出産・育児などをしやすい環境が整備されていない。	・出産・育児などは，個人や各家庭の意思に委ねられるものであり，自由に選択できるものでなくてはならない。 ・個人によって経済状況が異なるため，仕事か育児かを選択しなければならない場合もある。

少子高齢化についての調査・話し合い

【まとめ】少子高齢化は民主主義社会の課題か？

- 少子高齢化は，社会の問題であると思います。国は，出産，子育てが個人の自由であることを尊重しつつ，保育施設を増やしたり，妊婦や幼児のいる家庭への「子育て支援」をしたり，間接的なことをすればよいと思います。
- 私は，出産・育児は個人の問題だと思います。一人ひとりの負担を減らすための対策や，保育施設を増やすことは必要だと思います。でも，最終的に子どもを産むかを決めるのは個人の自由なので，必要以上に出産を促すような政策はするべきではないと思います。子どもを産んだ方がよい，産まないといけない雰囲気を出すことは個人の自由を奪うことだと思うので，社会の問題として対策することは民主的ではないと思いました。

図　少子高齢化と民主主義における探求的思考の深まり

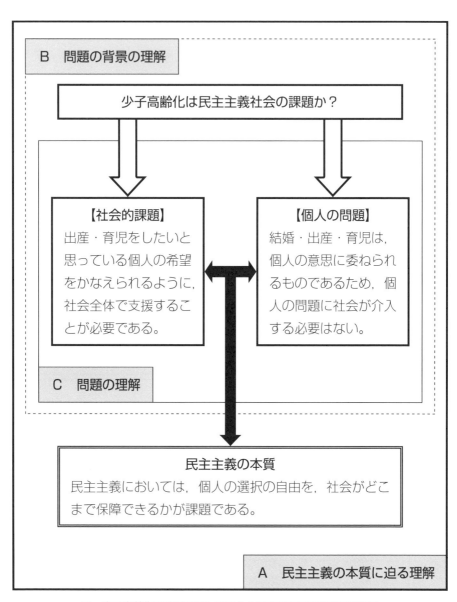

図　少子高齢化の分析を通して民主主義を問い直す思考の構造図
（生徒に身に付けさせたい見方・考え方）
※A・B・Cは思考の段階であり，評価規準としました。

●評価の場面

本時の評価は,授業における話し合い活動を踏まえ,以下のような課題によって見取りました。個人での調査,グループでの活動,全体での話し合いを経て,個人に返し,以下の課題に対する論述により評価しました。

> 少子高齢化社会に対する対策は,現代社会の重要な取り組みである一方,出産や育児などは,個人の選択の問題であり,社会が介入する問題ではないという考えもある。
> **「少子高齢化を考えることは,民主主義の課題と言えるか」に関して,あなたはどのように考えるか**,記述しなさい。
> ①社会の問題とする立場からの主張を展開しなさい。
> ②個人の問題とする立場からの主張を展開しなさい。
> ③①,②を踏まえて改めて,少子高齢化と民主主義についての自分の考えを記述しなさい。

評価段階	評価規準
A	Bの思考に加え,少子高齢化をめぐる個人の選択の尊重と,社会全体の利益という民主主義の課題,本質にとらえることができている。
B	少子高齢化をめぐる問題の背景にある民主主義とのかかわりを構造的にとらえることができている。
C	少子高齢化をめぐる問題の理解,説明の段階にとどまっている。

〈参考文献〉
・拙著『単元を貫く「発問」でつくる中学校社会科授業モデル30』(明治図書,2015年,pp.110~113)
・吉川洋『人口と日本経済』(中央公論新社,2016年)

(公民的分野・私たちと現代社会　私たちが生きる現代社会と文化)

㉛　日本文化とは？

ストラテジー5　具体的に定義させる

1　課題設計の意図

　グローバル化が進む中，「日本文化」や「アメリカ文化」などという言葉が意味をなさなくなるかもしれません。このような状況の中，生徒にあえて純粋な「日本文化とは？」と問うことで，日本を客観視し，相対化する視点が形成されるでしょう。実際に生徒があげるのは，平仮名，片仮名などですが，これらの多くは大陸文化に由来があります。純粋な日本文化と言えるものも，相撲，柔道など実はあまり多くはありません。
　授業では，日本文化の多様性，外国で発展する日本文化から，日本文化の定義を生徒の言葉で説明することをねらいとしています。

2　授業の実際

●発展課題を提示する場面

T　「世界に広がる日本文化をどこまで認めるか？」ということについては，様々な考え方がありましたが，日本の中にも，外国の人から見たら，おかしい外国文化の取り上げ方はないだろうか？

S　ハロウィンは，宗教行事に由来があるとされていますが，日本では仮装行列をする行事になっています。これは，おかしいと思われるでしょう。

S　日本人がパスタを箸で食べたり，外国では黒いことから好まれない海苔を入れたりするのも，おかしいと思われるかもしれません。

【単元の課題】日本文化とは？

日本文化とは何か？（最初の考え）
外国の文化の影響を受けていない日本だけで発達した文化

具体的な例をあげてみよう
・柔道，相撲は日本独自に発達した文化だと言える。
・もったいない，という考え方は日本が世界に誇る概念である。

日本の中にも文化の多様性がないだろうか？
・アイヌや琉球の文化も日本の中にある。日本に同化させた歴史があるからである。このような文化を尊重することが大切である。

世界に広がる日本文化をどこまで認めるか？（話し合い）
寿司はSUSHIとして，もはや世界中に知られた存在となっている。しかし，南米などでは，SUSHIにジャムを入れているようである。これを日本料理と考えてよいのだろうか？
・日本人が食べない食材を寿司ネタにするのは，それは寿司ではなく，日本文化に由来する外国文化と考えるべきである。
・外国で形を変えた日本文化と考えるべきである。

【発展課題】私たち日本人にも同じようなことはないだろうか？
日本に出回る中華料理やイタリア料理も，本場のものとは異なり，日本人向けになっている。

【学習課題の結論】
日本文化は，日本にルーツのある文化であるが，日本は多様な文化をもつ国である。また，日本人の手を離れ，独自に進化・変化した文化もある。それを日本文化であると認めていく寛容性や尊重の精神が，グローバル社会において大切ではないだろうか。

図　日本文化の定義における探求的思考の深まり

(公民的分野・私たちと現代社会　現代社会をとらえる見方や考え方)

世の中にある解決策を考えよう

ストラテジー6　興味・関心を高める

1　課題設計の意図

　公民的分野における「対立と合意」「効率と公正」は，現代社会をとらえる見方・考え方の基礎です。生徒たちは，3年になるまでに，日常生活において様々な対立と合意を経験しています。このため，公民学習で扱う際には，身近な事例から一般社会にまで生かされる学びとなるように，工夫することが大切です。

2　授業の実際

●課題提示の場面
T　世の中には様々な対立があるけれど，どのような解決策があるかな？まず，解決策だけをノートに書いて，発表しよう。
S　（様々な答えを出す。先生，親が決める，どちらかが我慢することで解決する，といったものまであがることがある）
T　では，どんな場面でその解決策を使うかグループで話し合ってみよう。

　生徒たちのまとめは，次ページの表の通りです。

解決策	使う場面
じゃんけん	給食で余ったものをだれが食べるか決めるとき
くじ・抽選	席替えのとき　プレゼントをだれがもらえるか決めるとき
裁判	人と人が争っていて，どちらに責任があるかを決めるとき
投票	選挙するとき，多数の人々の意見をまとめるとき
条約	国と国の決まりごとなどを決めるとき

●身近な事例から一般化して考えさせる場面

T　じゃんけんは給食のおかわりのときに適用するようだけれど，なんで裁判はしないの？

S　(笑)。裁判はお金も時間もかかるからです。じゃんけんなら，すぐに決まるからです。

T　では，例えば，じゃんけんと裁判では，どのようなときに使うのかそれぞれまとめてみよう。

S　じゃんけんは，どちらが勝ってもよい場面。つまり，結果に責任がない場合だと思います。裁判はそれぞれの責任をはっきりさせる場面で適用すると思います。

●発展課題「なぜルールを変えたのか？」を考える場面

T　では，解決方法については，ルールを変更するという解決策もあります。自分の好きなスポーツについて，なぜルールが変わったのかを調べてみましょう。

　「きまりの評価と見直し」においては，柔道やバレーボールなどスポーツのルール変更をグループで調べさせます。テレビ放送の時間制限や，視聴者へのわかりやすさを追究した点など，競技以外の様々な背景がわかり，グローバル社会における社会の要求にまで，見方・考え方を深化させられます。一方，選手にとっては，人生を変えるような変更にもなります。この単元では，だれにとっての効率・公正かを考えさせることも重要なのです。

(公民的分野・私たちと経済　市場の働きと経済)

㉝　自分の経営する会社を上場したいか？

ストラテジー12　自分の問題として考えさせる

1　課題設計の意図

　経済分野を苦手とする生徒は，非常に多いように思います。その原因の1つが，目に見えないお金の動きや概念を理解することに対して，難しいと感じていることがあげられます。そのため，株式会社という考え方についても，いかにわかりやすく理解させられるかが大切です。

　中学生は株式に対し，テレビドラマや漫画に登場するような「お金を儲けるための手法」というイメージを抱いています。個人投資家が，刻々と株価が変動する中で，株式を売買して利益を得るデイトレードのような認識です。

　本来，株式は企業の経営に賛同する者から，出資金を集めることを意味しています。そして，株式による儲けとは，会社の利益に応じた配当のことです。しかし，株式のイメージと教科書的な意味との間にズレが生じているのが現状です。そこで，株式に対する認識の変容を図る学習展開を考えました。

2　授業の実際

●株式のしくみを調べ学習によってまとめる場面

T　今日の学習は，「自分が会社を経営するとしたら，どのような企業形態がよいか？」を探求してきました。その1つである株式会社とは，株式を発行することによって資金を得て設立された会社のことであることがわかりました。また，株主は株主総会に出席したり，利潤の一部を配当

としてもらったりすることができることがわかりました。

●発展課題を提示する場面

T　一定の条件を満たし，株式を一般に公開している会社を上場企業と言います。自分が株式会社を経営するなら，会社は上場したいですか？　それとも上場しないという選択をしますか？　それぞれの立場のカードを資料にして話し合いを行いましょう。

上場する立場のカード

> 上場は，広く社会に知られるためにも大切な戦略です。上場することによって，銀行からの資金調達も楽になるだけでなく，毎年，優秀な人材が企業を志望することにもつながります。

上場を反対する立場のカード

> 株式を一般に公開する上場は，他者に経営権を奪われる，いわゆる乗っ取りのリスクを抱えています。株式を発行しても上場せず，経営者の顔のわかる範囲でしか株式は売買しないことも大切です。

　上場する立場の班（4人）と，上場を反対する立場の班（4人）の半数を入れ替えて2人対2人で討論します。

　上場企業と聞くと，即一流企業であるかのような印象を抱きます。しかし，株主の要望に応えたり，常に社会に情報公開したりすることは，自分の経営基盤をゆるがすことになるというリスクも抱えています。

　自分の問題として考えさせることによって，株式を発行する側の立場と，株式を購入する側，両方の視点を獲得させることがねらいです。

〈参考文献〉
・池野範男編『社会科教材の論点・争点と授業づくり8　"資本主義経済"をめぐる論点・争点と授業づくり』（明治図書，2005年）

(公民的分野・私たちと経済　市場の働きと経済)

㉞ 日本企業にはどのような特徴があるのか？

ストラテジー2　特徴・特色を考えさせる

1　課題設計の意図

　日本企業には，99％が中小企業であるという特徴があります。生徒に知っている企業名をあげさせると，そのほとんどがいわゆる大企業ですが，それが全体の１％であるという事実に驚きます。大学生の就職希望などからも，一般に大企業志向は強いのですが，全体から見れば少数です。
　しかしながら，シャープは，大企業に分類されていましたが，減資により中小企業になる道を選びました。生徒にとっては，「なぜ？」と思う事柄のはずです。メリットとしては，資本政策（金融機関などからの支援を受けやすい），税法（税額が少なくなる）の２つが考えられています。
　一方，非正規労働者が増えている現代において，いわゆる"派遣切り"は中学生にとっても切実な問題意識でしょう。しかし，学習を通して，「正社員になれればよい」という考えしかもたせられないのではなく，どのような企業が望ましいのかを考えさせられることが授業の中心であるべきでしょう。

2　授業の実際

●発展課題を提示する場面

T　日本企業の特徴とそのような特徴がある理由について調べたね。では，今後の日本社会において，望ましい企業のあり方を考えよう。みんなが入りたい企業という視点ではなく，このようなあり方がよいという視点

から考えてみよう。

日本の企業の99%は中小企業である。
日本の大学生は、大企業の「正社員」を志望する学生が多い。

大企業と中小企業の事業所数、従業員数、定義の違いなどを調べる

【学習課題】日本企業にはどのような特徴があるのか？

資料集を用いて調べる

【特徴・特色】終身雇用が一般的である。また、3人に1人が非正規労働者になっている。特に中小企業を中心に"派遣切り"が問題となった。

【特徴・特色がある理由を考えさせる】
このような特徴・特色があるのはなぜか？

企業側と労働者側それぞれの視点から考える

企業側は、景気の不安定さから非正規労働によって雇用調整をしている。労働者は、特に中小企業を中心に"派遣切り"をされ、問題となった。

【発展課題】望ましい企業のあり方とは？
・現代の世の中では、失敗することを恐れる社会になってしまっている。そのため、安定した企業に入りたいと考える人は多い。企業側の意図と、労働者の思惑が調整された企業のあり方が望ましい。

図 日本企業の特徴の調査における探求的思考の深まり

〈引用・参考文献〉
・経済産業省「中小企業・小規模事業者の数等（2014年7月時点）の集計結果を公表します」
　http://www.meti.go.jp/press/2015/01/20160129002/20160129002.html
・厚生労働省「平成28年版厚生労働白書」
　http://www.mhlw.go.jp/wp/hakusyo/kousei/16/dl/all.pdf

(公民的分野・私たちと経済　市場の働きと経済)

35　もし，銀行がない世の中だったら？

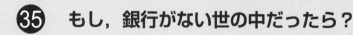

ストラテジー7　架空の場面をイメージさせる

1　課題設計の意図

　中学生がなりたい職業の上位に位置するのが，銀行員や金融業であるそうです。近年の銀行を舞台とした小説やテレビドラマの影響もあるでしょうが，中学生にとって，銀行や金融に対する関心が高まっているように感じます。
　しかし，生徒にとって銀行は，お金を預けたり，引き出したりするという"現金"としての貨幣のやり取りをする機関として認識されています。中学生の段階で預金通貨や信用創造の概念を理解させるのは難しいものです。
　そこで，銀行や金融の概念を獲得させるために，「もし，銀行がない世の中だったら？」と問うことにより，銀行や特に預金通貨の役割を再認識させます。

2　授業の実際

●架空の場面をイメージさせる場面
T　銀行がない世の中はどのようなものでしょうか？
S　家でお金を管理しなければならないから，強盗などの犯罪が増えてしまうかもしれません。
S　いつも現金しかない世の中になってしまい，遠い場所にいる人とはお金の貸し借りができず，不便です。
T　では，銀行はどのような役割をしていると言えるかな？

S　銀行は，お金を預かるという役割があります。それだけでなく，お金の貸し借りの仲介もしています。また，お金の振り込みも，現金のやり取りをしているわけではなく，引き出す権利の移動が行われます。

定義	銀行の役割：お金を預かり，貸し借りの仲介をしている。
現実の相対化	家での現金管理により，強盗などの犯罪の増加が考えられる。現金でのやり取りしかできず，遠くの人とはやり取りできない。
	【学習課題】もし，銀行がない世の中だったら？

銀行がない世の中のイメージにおける探求的思考の高まり

　現金によるやり取りのみが金融ではないという，預金通貨の概念を形成させます。また，昭和恐慌や世界恐慌の際，人々が銀行に殺到し，取り付け騒ぎが起こったことを振り返り，預金者が預金を全額引き出そうとすると，銀行が経営できなくなることを説明します。

●学習課題を提示する場面「お金と銀行の機能」

T　では，「なぜ銀行は現金がなくても成り立つのか？」について，グループで話し合って，答えをまとめましょう。

　次は，生徒のまとめの例です。

　「銀行は，現金のみではなく，預金通貨によっても成り立っている。しかし，世の中の人々が銀行からすべてのお金を引き出そうとしたら，銀行は現金が用意できず，成り立たない。つまり，預金通貨は人々の間にある銀行に対する信用によって成り立っている」

（公民的分野・私たちと経済　国民の生活と政府の役割）

㊱　日本は本当に経済破綻しないのか？

ストラテジー10　批判的に考えさせる

1　課題設計の意図

　日本の国債発行額は，1千兆円を超えていると言われています。日本は，借金を抱えた国ですが，その危機感は大人でもよくわかっていません。危機感をもって取り組まなければならない問題のはずなのに，なぜその問題が大きく取り上げられないのでしょうか。

　本時は，「なぜ日本がギリシャのように経済破綻しないのか？」に対する様々な見解を吟味させる学習です。このような様々な観点から，日本が経済破綻する，もしくは免れる根拠が述べられています。これらの見解を中学生の吟味の対象にすることにより，批判的思考力を身に付けさせましょう。

2　授業の実際

●学習のまとめの課題提示をする場面

T　「日本は本当に経済破綻しないのか？」をテーマに，学習を進めましょう。まず，どのグループも，経済破綻しないという立場の資料を分析しましょう。分析してわかったことを発表しましょう。

S　（①日本の国債購入者の内訳→国内での発行が多いとする資料，②日本人の預金総額→国債の返金が可能な額であるとする資料，③日本銀行が円を増刷することで国債返済に対応できるとする資料，④日本はデフレが脱却できれば経済破綻しないとする資料をグループで調べ，発表する）

| 結論 | この預金を動かすためには，政府が増税したり，インフレにしたりして，国民がお金を使う状況をつくることが必要である。そのため，日本は経済破綻する可能性が十分に残されている。 |

批判的思考	**経済破綻する立場** 日本は，今後，少子高齢化が進み，社会保障費の支出が増えるので，国債の発行残高も増加が見込まれる。すると，利子を払うだけで税収が追い付かないことが予想できる。
	【追究課題】日本は本当に経済破綻しないのか？
	経済破綻しない立場 日本は，国債購入者が国内に多いという点が，海外に国債を発行したギリシャとの違いである。また，日本人の総預金額は，1千兆円にも上ると言われており，借金返済が可能であると考えられている。

図 「日本は経済破綻しない」の批判的考察における探求的思考の高まり

●発表後の場面

T 「日本は本当に経済破綻しないのか？」について，グループで批判的に考え，発表しましょう。

●学習のまとめの場面

「日本は本当に経済破綻しないのか？」についての見解をまとめさせる。

　本時では，経済破綻する，しないの討論ではなく，クラス全員に経済破綻しない立場からの資料を分析させ，全員がそれに対する批判的な見解を述べるという活動を行います。もちろん，破綻する立場を軸にし，しない立場から批判的検討を行うことも可能です。

　批判的な思考力を高めるためには，クラス全体で1つの立場について吟味させる方法も大切だと考えています。

(公民的分野・私たちと政治　人間の尊重と日本国憲法の基本的原則)

なぜ集団的自衛権を認めるようになったのか？

ストラテジー1　原因・理由を考えさせる

1　課題設計の意図

　日本は長い間，日本国憲法第9条により，集団的自衛権を行使できないと考えてきました。しかし，2014年7月1日の憲法解釈閣議決定，2016年3月29日の平和安全法制施行により，集団的自衛権の行使が認められるようになりました。これまでの学習であれば，集団的自衛権が必要か否かを議論することもありましたが，認められた今日においては，なぜ認めるようになったのかを探求することを通して，憲法のあり方，安全保障について考えを深めさせることをねらいとしました。単に，集団的自衛権を批判するだけの展開だけでなく，この問題をめぐる様々な立場からの資料を提示し，読み取る力を身に付けながら，安全保障を自ら考えるようにさせたいものです。

2　授業の実際

●課題提示の場面

T　自衛隊と日米安全保障条約について調べてきました。しかし，2016年より，日本は集団的自衛権を認めるようになりました。

S　なぜそのような決定になったのでしょうか？　憲法第9条があるから，日本は平和であったと聞いたこともあります。

T　それでは，その理由を調べ，自分の考えをまとめましょう（次の問いの構造図に添った資料提示を行い，ワークシートに記入させる）。

MQ なぜ集団的自衛権を認めるようになったのか？

SQ 政府が集団的自衛権を認めてこなかった根拠は何か？
SA 必要最小限度の範囲の自衛権の措置は認めていたが，1981年の閣議決定において，集団的自衛権は認めていない。

SQ 政府が集団的自衛権を認めるようになった根拠は何か？
SA 国際連合憲章第51条に記載された権利である。

SQ 解釈を変更する理由は何か？
SA 現在，武装集団や大量破壊兵器などの脅威があり，他国への攻撃によっても，日本が危険にさらされる恐れがあるため，日本を守るためにも，他国を守る必要がある。

SQ どのような決定なのか？
SA 日本に対する武力攻撃，または日本と密接な関係にある国に対して武力攻撃がなされたことによって，日本国民に危険があり，集団的自衛権行使以外に方法がなく，必要最小限度の実力行使に留まるときに行使を認める。

生徒によるMA（メイン・アンサー）の提示
日本は，個別の自衛権は認めてきたが，他国が攻撃されたときに日本に危険が及ぶ際にも対応が必要なため，集団的自衛権を認めるようになった。

生徒個人の考え
私は，集団的自衛権を認めることによって，日本の安全保障が高まるということに疑問をもちました。このことをさらに追究したいです。

図 集団的自衛権を認める理由を探求する問いの構造図

(公民的分野・私たちと政治　人間の尊重と日本国憲法の基本的原則)

 日本国憲法は十分に人権保障をしているのか？

ストラテジー11　二者択一で決めさせる

1　課題設計の意図

　現在，憲法改正の議論が進んでいます。公立学校では，公教育の中立性という原則がある以上，教師の明確な意思表示は避けなければなりませんが，事実認識として憲法改正議論を取り上げることも重要です。

　日本では，「憲法改正に賛成」という発言は，改正に反対という発言よりも周囲によい印象を与えない雰囲気があります。しかし，憲法を改正しないことも意思表示であるなら，憲法上に改正手続きが明記されている憲法改正も認められる主張です。本時では，憲法には明記されていない新しい人権をめぐる問題は，現在の日本国憲法で十分に保障できるのかを考えて，憲法の改正が必要なのかどうかを二者択一で決めさせます。このような学習により，現在の日本国憲法を客観視する相対化の視点を獲得させることができます。

2　授業の実際

●導入の場面

T　世界の憲法はどれだけ改正されてきたのでしょうか？

> ドイツ59回　フランス27回　カナダ19回　イタリア15回　アメリカ6回

　他国が複数回以上憲法改正をしているのに対し，日本は，憲法の施行以来，一語一句改正をしたことがない国家であることがわかります。他国がどのよ

うな理由で憲法改正をしてきたのか，調べるのもおもしろいでしょう。

●課題提示の場面

T この写真を見てごらん。この建物は，地域の再開発事業で建てられたマンションです。これが人権と関係があると言われているのだけれど，なぜかわかるかな？

S マンションによって日当たりが悪くなっているということでしょうか？

T そうだね。このような権利を，日照権と呼んでいます。では，ここにはどのような人権の対立があるかな？

S 建物の建設を推進する立場と，住民の権利です。

T そうだね。でも，日照権は，現在の日本国憲法には明記されていない新しい人権です。では，日照権をめぐる問題は，現在の日本国憲法で十分に解決できているのかについて，考えましょう。

【段階3】判断により想定される国家・社会像を含んだ理解
自らの判断に基づき，日照権をめぐる問題の望ましい解決のあり方を理解している。

【段階2】問題の背景を含んだ理解
権利の対立の背景には，人権尊重の考え方（日照権）がかかわっていることを理解している。

【段階1】問題の理解
マンション建設をめぐって，周辺住民とマンション建設側の間に権利の対立があることを理解している。

本時における思考の段階

主張（現在の憲法で十分に解決できる）	反対意見（憲法を改正することで解決する）
・「公共の福祉」によって権利が調整され，地域は再開発を進めることができると思います。 ・住民は，憲法第25条で生存権が認められているので，最低限の生活は維持できると思います。	・「公共の福祉」に反しているかどうかという判断は人によると思うので，判断基準が現在の憲法では曖昧で，十分に解決できないと思います。 ・生存権がありますが，みんなの生活を便利にするということを考えたときには，日照権のことまで保障するのは，現在の憲法では不十分だと思います。

生徒の話し合いの様子

現在の憲法で十分に解決できる
- 憲法25条「生存権」を解釈すると日照権も含まれると思う。
- 生存権によって，日照権は保障されている。「公共の福祉」を考えれば，個人の「財産権」が制限されるのもやむを得ない。
- 時代に合わせて新しい法律をつくることで対応できる。憲法に新しい条文を加えていくと，かえって生活に縛りが多くなるのではないか。

憲法に日照権についての条文を加えるべきである
- 「公共の福祉」を優先することによって，健康を害する人もいるという現状もある。そこで，国の最高法規である憲法に日照権を含めた「環境権」を規定すべきである。
- 法律をつくって対応するということでは，日照権に十分に対応できるか疑問である。

どのように解決すればよいのか？に対する生徒の結論

本時の学習のように、話し合い活動を経て、自分の考えを論述させることで【思考・判断・表現】を評価する場合、学習における生徒の思考の段階を想定し、全員に到達させたい段階を【B】として、設定します。

　本時の場合、憲法改正をした場合、しない場合にどのような国家・社会になるかまで思考できたものを【A】と判断することにしました。また、このような規準を設定した後、板書では、黒板を3つの区切りにして、学習展開と理解の段階が合うように工夫をしました。

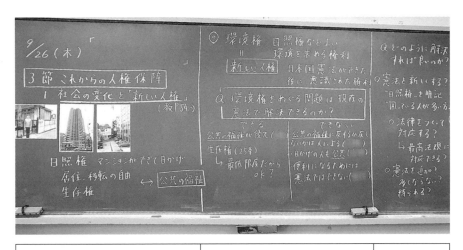

【段階1】問題の理解	【段階2】	【段階3】
問題を構造化して理解させる	学習課題を提示し、人権とのかかわりを明記する	望ましい解決策とその問題点を板書する

本時の板書

〈引用・参考文献〉
・前島美佐江「新しい人権と憲法のあり方を考えよう」島根大学教育学部附属学校園『平成22年度　第3回幼少中一貫教育研究発表協議会　指導案集』2010年11月5日（金）, pp.20～23
・国立国会図書館「諸外国における戦後の憲法改正【第4版】」

（公民的分野・私たちと政治　民主政治と政治参加）

㊴　よりよい選挙制度とは？

ストラテジー9　未来志向的に考えさせる

1　課題設計の意図

　選挙権を18歳以上に引き下げる「改正公職選挙法」が成立しました。選挙制度の学習においても，選挙のしくみの理解や，模擬投票などを通した，有権者としての意思決定にとどまらず，選挙制度そのものを批判的に見る目をもたせることが大切です。
　日本は，衆議院を中選挙区制から現在の小選挙区比例代表並立制に移行した国でありながら，公民教育において選挙制度そのものを問い直すことを，十分に行ってきたとは言えません。本時は，第1章（p.34）で紹介した「日本の選挙制度はどのように変化してきたのか？」の次時の内容に当たります。よりよい選挙制度を考えることをねらいとしています。選挙制度は覚えるものではなく，常に問い直していくものであると考えています。18歳になり，開票後にはじめて疑問を抱くというのでは，遅すぎてしまうのです。

2　授業の実際

●衆議院の選挙制度を調べる場面
（例）比例代表では，小選挙区と比例代表に重複立候補した人は比例代表の名簿から除かれ，下位が当選者となることを示す。
　→　生徒に「名簿の下位はほとんど顔も見ることができない人だが，国民が選んだと言えるのか？」という疑問を抱かせることをねらいます。

● 学習のまとめの課題提示をする場面
T 今日の学習では，衆議院の選挙制度を調べて，小選挙区，比例代表の長所・短所を明らかにしてきたけれど，今後のよりよい選挙制度のあり方を考えよう。特に，「小選挙区と比例代表の重複立候補を認める制度を続けるべきか？」という視点で考えよう。

● 生徒の議論の場面
S 小選挙区だけの制度だと，知名度のある個人か，大政党が有利になることが考えられます。そのため，死票が多くなります。
S 比例代表のみの制度だと，政党に所属していない個人は立候補できないことになってしまいます。また，どのような人が立候補しているかわかりにくいので，開票のときにほとんど知らなかった人が当選するということもあり得ます。
S 小選挙区と比例代表の重複立候補は続けるべきではありません。重複立候補によって，落選者が復活するのも民意と言えるかもしれませんが，結果としては疑問が残ります。そのため，小選挙区と比例代表は別々に立候補する制度にした方がよいと思います。
S 小選挙区比例代表並立制は続けるべきです。並立制をすることによって，小選挙区制，比例代表制のそれぞれのメリットやデメリットを補うことができているからです。この方法を続けていくことが必要です。

　本時で示した以外にも，「比例代表で当選した人が離党して無所属で議員を継続することは許されるのか？」など，政党政治そのものへの疑問をもたせ，議論させることもできるでしょう。

〈参考文献〉
・池野範男，渡部竜也，竹中伸夫「『国家・社会の形成者』を育成する中学校社会科授業の開発—公民単元『選挙制度から民主主義社会のあり方を考える』—」日本社会科教育学会『社会科教育研究』No.91，2004年，pp.1～11
・加藤秀治郎『日本の選挙—何を変えれば政治が変わるのか—』（中央公論新社，2003年）

（公民的分野・私たちと政治　民主政治と政治参加）

参議院の目的は？
参議院の意味は何だろうか？

ストラテジー4　目的・意味を考えさせる

1　課題設計の意図

　政治分野の学習は，基本的知識が多く，制度を理解させることだけが授業の中心となりがちです。このような授業でこそ，探求過程で知識を習得すると同時に，活用できるような学習課題の設定が必要です。そこで，本時では「参議院の目的は？　参議院の意味は何だろうか？」を学習課題として設定し，参議院の存在する目的を考えさせることをねらいとしました。

　生徒の実態として，参議院の議員の名前をほとんどあげられません。そして，「衆議院の優越」という知識によって，参議院不要論に同調する生徒もいます。単に不要というのではなく，参議院の目的を探求したうえで，自分の意見をもってもらいたいと考えます。

2　授業の実際

●課題提示の場面

T　日本には，衆議院と参議院の二院制です。しかし，歴代総理大臣は衆議院から出ている。参議院は不要だと考える人もいるけれど，なぜかな？

S　ねじれ国会の場合は，衆議院で決めたのに，参議院で異なった議決が出ると，最終決定に時間がかかると考えるからではないでしょうか。

T　なるほど。では，参議院はどのような目的で設置されているのか，そして，どのような意味があるのか探求してみましょう。

【学習課題】参議院の目的は？　参議院の意味は何だろうか？

衆議院と参議院の違いは？
- 議員数，任期，解散のあるなしなどが違う。
- 衆議院と参議院で議決が異なったときは，多くの場合において衆議院の優越が認められている。

なぜ衆議院の優越が認められるのか？
解散がない参議院に対し，衆議院は国民に信を問うために解散総選挙をするなど国民と結び付いているため。

衆議院の優越とは？
- 内閣不信任決議は，衆議院のみ行うことができる。
- 衆議院の可決した議案を受け取った後30日以内（首相指名の際は，衆議院の議決の後10日以内）に参議院が議決しないときは衆議院の議決が国会の議決となる。

それでも，なぜ参議院が必要だとされるのか？
参議院の議決は優先されないが，30日間は国会の議決とはならないため，その間に議論することが可能。

【学習課題の結論】
・衆議院が解散中でかつ，参議院の半数が選挙期間中に天災やテロなどが起こった場合でも，参議院の半数で国会運営が可能である。
・最終的に，衆議院の優越はあるが，参議院が異なった議決をすれば，決議は30日間できず，法律案は衆議院の再可決を必要とするなど，参議院があることによって，慎重な審議を行うことができる。

図　参議院の目的における探求的思考の深まり

(公民的分野・私たちと政治 民主政治と政治参加)

㊶ 行政の違いに迫ろう

ストラテジー8 違いを比較させる

1 課題設計の意図

　日本は,議院内閣制を採用する国家であることから,首相の独断では物事が決められない,という考え方が一般的です。一方で,決定に時間がかかってしまうことや,大幅な政治改革が行われないのも,議院内閣制に由来するものであると思われてきました。そのため,大胆な政策決定を実現するためには,首相公選制が必要だ,という主張も展開されてきました。

　しかし,これらの認識には大きな誤解が含まれています。欧米では,議会と行政府の双方をコントロールできる議院内閣制における首相の方が,大統領よりも大きな権力をもつとされています。特に,日本は衆議院の解散が頻繁に行われます。そこで,日本の議院内閣制とアメリカの大統領制の違いを比較させることを通して,行政のあり方を考えさせる授業展開を考えました。

2 授業の実際

T　国民が議員のみを選び,選ばれた議員が首相を決めるという日本の議院内閣制は,アメリカの大統領制に比べて民主的でないと言われています。そこで,それらの違いを調べてみましょう。

　発展課題は,「よりよい議院内閣制のあり方とは？」を考えさせることにしました。ただし,安易に現憲法を越えた制度の設計に陥るのではなく,現制度の本質の探求を十分に行ったうえで,議論させることが大切です。

| 法則性の探求 | 日本は，国会議員から首相が選ばれるため，首相は国会とのバランスを重視するが，国会議員と首相の関係が密接になると，権力が拡大することになる。アメリカ大統領は，国民が直接選んだ行政のため，強い権限を発揮できると考えられるが，議会の反発によっては，政治が停滞することがあり得る。 |

行政でどのような違いが生じるか？

| 違いの追究 | 日本の議院内閣制
・立法を行う議会を国民が選ぶ。
・議会は首相の選出や罷免の権利がある。 | アメリカの大統領制
・国民は行政と立法の長を別々に選挙する。
・大統領は議会を解散できない。 |

【学習課題】行政の違いに迫ろう
議院内閣制・大統領制をグループに分かれて調べる。

図　行政の違いにおける探求的思考の高まり

●発展課題「よりよい議院内閣制のあり方とは？」に対して，生徒が意見を発表する場面

S　選挙の際の国民の意識を向上させることが必要です。日本は，行政の長である首相は間接選挙で選ばれますが，だからこそ選挙でしっかりした人を選びたいです。

S　国民投票をより多く活用してほしいです。日本は，今のところ憲法改正の際の国民投票については規定がありますが，それは実施されていません。イギリスのように国民投票を行うことも必要ではないでしょうか。

〈参考文献〉
・飯尾潤『日本の統治構造―官僚内閣制から議院内閣制へ―』（中央公論新社，2007年）

(公民的分野・私たちと政治　民主政治と政治参加)

㊷　自分の地域の課題を調べてみよう

■ ■ ■ ■ ■　ストラテジー15　調べる活動を通して考えさせる

1　課題設計の意図

　地方自治の単元では、自分たちの住んでいる地域をよりよくしていくためには、どのような方法があるのかを考える、いわゆる社会参画の視点からの授業づくりが大切です。生徒に「自分の地域をよりよくするためには？」と問いかけると、多くは「テーマパークがほしい。映画館、スポーツ施設を充実させてほしい」など、中学生としての視点から答えます。そこで、「自分の地域の課題を調べてみよう」と学習課題を設定し、生徒の視点と地域住民の視点を比べ、解決すべき地域の課題を明らかにすることをねらいとします。

2　単元の構成

①「自分の地域の課題を調べてみよう」
②「地域の課題を実現させるためにはどのような方法があるのか？」(1)
・地方議会のしくみから、地域の課題の解決が実現するまでの過程を考えさせる。
③「地域の課題を実現させるためにはどのような方法があるのか？」(2)
・地方財政のしくみから、地位の課題解決に必要な予算を調べ、実現可能性について考えさせる。
④「地域の課題を解決しよう」
・学習を踏まえ、優先される地域の課題をグループで話し合って決める。結

論は，ランキング手法などにより，思考を可視化させる。

中学生の視点
- 自分たちの住んでいる地域の課題とは？
- 個人の学習　交通の便が悪い。安全面に不安。自然が少ない。
- 生徒の意見交流による深まり

【単元の課題】自分の地域の課題を調べてみよう

市民
- 市民アンケート，家庭や地域での調査

【社会認識】生徒の視点・市民の視点による地域の課題

課題解決方法①
地方議会，住民投票のしくみ

課題解決方法②
地方財政のしくみ

【社会参画】地域の課題で優先されるものは？
地方議会のしくみ，財政，人口ピラミッドなどを根拠に合意形成する。

図　自分の地域の課題の調査における探求的思考の深まり

(公民的分野・私たちと国際社会の諸課題　よりよい社会を目指して)

㊸　今の当たり前を問い直そう

ストラテジー15　調べる活動を通して考えさせる

1　課題設計の意図

　近年強調されているESD（持続可能な開発のための教育）の視点からの授業づくりでは，将来の世代のニーズを満たすようにしながら，現代の世代のニーズを満たすような社会を形成するために，現代社会の諸課題を調べる活動を通して自分にどのようなことができるかを考えさせることが重要です。

　本単元は，「生徒自身が学習課題を設定する」という学習課題でもありますが，生徒に課題を探求させるうえで大切にしたいことは，「今の当たり前をとらえ直す」という視点を入れることであると考えています。

　私は，歴史を学習する目的についても「今を当たり前と思わないため」ということを主張してきました。昔の当たり前と今の当たり前では，違うということを認識すると同時に，今の当たり前が，将来，どのように変容するかを考えるということです。そして，未来の世代のために，今の当たり前をとらえ直す視点を獲得し，探求する学習こそが，3年間の社会科教育のまとめとしてふさわしい学習であると考えます。

2　授業の実際

●課題提示の場面

　地歴公の三分野の学習を生かし，環境，人権・平和，災害，資源，情報などの学習を経て，生徒自らがテーマを設定して探求することを説明します。

この際，単に事実を調べてまとめさせるのではなく，現在の認識と過去の認識の違いを探求の視点に入れることを伝えます。そして，まとめでは，自分が調べたテーマに関連する認識がどのように変化するかを視点に入れて考察させます。

●レポートを作成させる場面
　次のような視点で，レポートを作成させます。
【自然・環境　エネルギー・資源を選択した場合】
　原子力発電が推進されていた時代から，東日本大震災を契機とした社会全体の原発認識の変容を整理させたい。そして，世界のエネルギー開発が今後どのように変化をするかを考えさせる。
【人権・平和を選択した場合】
　人権感覚の変遷として，人種や性別などによる差別を人権侵害ととらえなかった時代から，社会問題として認識されるまでの変容を整理させたい。また，現在問われている同性婚など，将来，人権意識が改められると考えられる事例を中心に，自らの考えをまとめさせたい。

よりよい社会を目指して

　中学校の社会科学習のまとめとして，「持続可能な社会」の観点からテーマを設定し，レポートを作成しましょう。

【レポート作成手順】
①テーマの設定とその理由（序論）
　自分の主張，結論となる部分を決定しましょう。根拠となる資料，関連する資料を収集しましょう。
②テーマについての事実・分析（本論）
　今と昔でどのように認識が変わっているかを調査しましょう。
③テーマについての将来のあり方（結論）
　今，当たり前であると思っていることが将来どのように変わっているかを中心に論述しましょう。
★参考文献を必ず明記しましょう。

- 青柳慎一『中学校社会科　授業を変える学習活動の工夫45』(明治図書，2016年)
- 東京学芸大学社会科教育学研究室編『中高社会科へのアプローチ　社会科教師の専門性育成』(東京学芸大学出版会，2010年)
- 岩田一彦『社会科固有の授業理論　30の提言―総合的学習との関係を明確にする視点―』(明治図書，2001年)
- 梅津正美・原田智仁編『教育実践学としての社会科授業研究の探求』(風間書房，2015年)
- 橋本美保・田中智志監修，大澤克美編『教科教育学シリーズ②　社会科教育』(一藝社，2015年)
- 岡﨑誠司『社会科の授業改善1　見方考え方を成長させる社会科授業の創造』(風間書房，2013年)
- 尾原康光『自由主義社会科教育論』(溪水社，2009年)
- 片上宗二『社会科教師のための「言語力」研究―社会科授業の充実・発展をめざして―』(風間書房，2013年)
- 加藤公明『考える日本史授業4　歴史を知り，歴史に学ぶ！今求められる《討論する歴史授業》』(地歴社，2015年)
- 河原和之『スペシャリスト直伝！　中学校社会科授業成功の極意』(明治図書，2014年)
- 北俊夫『社会科学力をつくる"知識の構造図"―"何が本質か"が見えてくる教材研究のヒント―』(明治図書，2011年)
- 北村明裕編『子ども熱中！　中学社会「アクティブ・ラーニング」授業モデル』(明治図書，2015年)
- 桑原敏典『中学校新教育課程　社会科の指導計画作成と授業づくり』(明治図書，2009年)
- 草原和博，溝口和宏，桑原敏典編『社会科教育学研究法ハンドブック』(明治図書，2015年)
- 草原和博，渡部竜也編『"国境・国土・領土"教育の論点争点』(明治図書，2014年)
- 小原友行編『アクティブ・ラーニングを位置づけた中学校社会科の授業プラン』(明治図書，2016年)

※主に社会科授業づくり・理論に関する書籍を中心に掲載しました。

- 小原友行編『「思考力・判断力・表現力」をつける社会科授業デザイン　中学校編』（明治図書，2009年）
- 坂井俊樹編『社会の危機から地域再生へ―アクティブ・ラーニングを深める社会科教育―』（東京学芸大学出版会，2016年）
- 社会認識教育学会編『新　社会科教育学ハンドブック』（明治図書，2012年）
- 社会認識教育学会編『中学校社会科教育』（学術図書出版社，2010年）
- 全国社会科教育学会編『社会科教育実践ハンドブック』（明治図書，2011年）
- 全国社会科教育学会編『新　社会科授業づくりハンドブック　中学校編』（明治図書，2015年）
- 田尻信壹『探究的世界史学習の創造―思考力・判断力・表現力を育む授業作り―』（梓出版社，2013年）
- 北尾倫彦監修，山森光陽・鈴木秀幸全体編集，舘潤二編『〔平成24年版〕観点別学習状況の評価規準と判定基準〔中学校社会〕』（図書文化社，2011年）
- 土屋武志『アジア共通歴史学習の可能性―解釈型歴史学習の史的研究―』（梓出版社，2013年）
- 中尾敏朗，土屋武志・下山忍編『〈評価規準＆記述例でよくわかる〉歴史学習「観点別評価」ワーク』（明治図書，2014年）
- 中妻雅彦『愛知教育大学教職大学院発　「考える」社会科の授業』（同時代社，2016年）
- 日本社会科教育学会編『新版　社会科教育事典』（ぎょうせい，2012年）
- 日本社会科教育学会編『社会科授業力の開発　中学校・高等学校編―研究者と実践家のコラボによる新しい提案―』（明治図書，2008年）
- 平田博嗣『これだけははずせない！　中学校社会科単元別「キー発問」アイディア』（明治図書，2012年）
- 森分孝治『社会科授業構成の理論と方法』（明治図書，1978年）
- 山口幸男編『動態地誌的方法によるニュー中学地理授業の展開』（明治図書，2011年）
- 横浜国立大学教育人間科学部附属横浜中学校編『新しい時代に必要となる資質・能力の育成Ⅰ　「知識・技能」の構築をめざす授業事例集』（学事出版，2016年）

【著者紹介】
内藤　圭太（ないとう　けいた）
1984（昭和59）年，浦和（現さいたま）市生まれ。埼玉県戸田市立戸田中学校教諭。2008（平成20）年，武蔵大学人文学部比較文化学科首席卒業。2010（平成22）年，東京学芸大学大学院教育学研究科社会科教育専攻修士課程修了。東京学芸大学附属小金井中学校講師，埼玉県川口市立芝西中学校教諭を経て，2013（平成25）年から現職。

【主な著書】
（単著）
・『単元を貫く「発問」でつくる中学校社会科授業モデル30』（明治図書，2015年）
・「連載：アクティブ・ラーニングに発展する工夫点　中学公民」（『社会科教育』明治図書，2015年4月号～2016年3月号）
（共著）
・橋本美保・田中智志監修，大澤克美編『教科教育学シリーズ②　社会科教育』（一藝社，2015年）
その他　歴史教育，学習指導と評価，道徳教育に関する著作，研究がある。

中学校社会サポートBOOKS
15のストラテジーでうまくいく！
中学校社会科　学習課題のデザイン

2017年3月初版第1刷刊	Ⓒ著　者	内　藤　圭　太
2018年1月初版第2刷刊	発行者	藤　原　光　政
	発行所	明治図書出版株式会社

http://www.meijitosho.co.jp
（企画・校正）赤木恭平
〒114-0023　東京都北区滝野川7-46-1
振替00160-5-151318　電話03(5907)6701
ご注文窓口　電話03(5907)6668

＊検印省略　　　組版所　株式会社カシヨ

本書の無断コピーは，著作権・出版権にふれます。ご注意ください。

Printed in Japan　　　ISBN978-4-18-213018-2
もれなくクーポンがもらえる！読者アンケートはこちらから →